発達障害のある子の父親ストーリー

立場やキャリア、生き方の
異なる14人の男性が担った
父親の役割・かかわり

アスペ・エルデの会 編

福島　豊（元衆議院議員）
野沢 和弘（毎日新聞 論説委員）
山岡　修（一般社団法人 日本発達障害ネットワーク 元代表）
大屋　滋（旭中央病院脳神経外科部長）
市川 宏伸（児童精神科医）
大塚　晃（上智大学 教授）
南雲 岳彦（Run4u 代表）
小原　玲（動物写真家）
笹森 史朗（会社員）
岡田 稔久（くまもと発育クリニック）
新保　浩（一般社団法人そよ風の手紙 代表理事）
藤坂 龍司（NPO法人つみきの会代表・臨床心理士）
うすいまさと（シンガーソングライター）
赤木 慎一（NPO法人アスペ・エルデの会）

明治図書

はじめに

本書、『発達障害のある子の父親ストーリー』は、発達障害のある子どもの14人の父親たちの手記から構成されている。いろいろな仕事をしている父親たちが、発達障害のある子どもを持つことで、発達障害と出会い、戸惑いながら歩んでいる。

実は、本書は、NPO法人アスペ・エルデの会が刊行している発達障害情報誌『アスペ・ハート』の連載を基にしている。本書の最後の父親ストーリーを綴っている赤木慎一氏が、アメニティフォーラムという障害者福祉の一大イベントの企画に感動し、「父親の手記の連載をしたい！」と提案してきたことから始まっている。赤木氏は、プロの編集者で、『アスペ・ハート』の編集長も何年もしてくださってきた。彼が想いを持って提案してくれたことだったので、彼の腹案通りに企画が進んでいった。そして、明治図書さんからの刊行が決まり、準備が進んでいたところ、赤木氏の突然の訃報をもらうことになった。本書は、皆から本当に信頼された赤木慎一という編集者が、発達障害のある子どもの父親として企画した、思いのこもった、最後の編集作品でもある。

明治図書の佐藤智恵さんや川村千晶さんには、赤木氏の想いを引き継ぎ、本書を世に出すべく真摯に編集を進めていただいた。そして、『アスペ・ハート』の専門家編集委員の諸先生方が、父親支援の専門性を加えつつ、父親へのエールを付け加えたのが本書である。この場を借りて感謝の意を表する。

〝赤木さん、やっと「父親本」ができましたよ！〟赤木さんの想いが読者の皆さんに届くことを願っている。

NPO法人アスペ・エルデの会CEO　辻井正次

目次

はじめに 3

○福島　豊（元衆議院議員）

本当に大切なことは子どもの笑顔のように
つながりの中からしか得られない 7

○野沢　和弘（毎日新聞論説委員）

発達障害のある息子たちにとって暮らしやすい、
やさしい社会になってほしい 21

○山岡　修（一般社団法人日本発達障害ネットワーク元代表）

子育ては難しい
発達障害をもつ子どもの子育ては、さらに難しい 35

○大屋　滋（旭中央病院脳神経外科部長）

発達障害児の父親だから
できること・やるべきこと・やっておけばよかったこと 45

○市川　宏伸（児童精神科医）

人生は一度しか過ごすことができないもの 60

○大塚　晃（上智大学教授）
息子を中心として多くの人々のサポートによる
地域生活を実現できたら　71

○南雲　岳彦（Ｒｕｎ４ｕ代表）
自らの健康を確保し、
末永く家族の生活の基盤を支え続けることが大切　83

○小原　玲（動物写真家）
いつまでも笑顔を見せて生きていってほしい　100

○笹森　史朗（会社員）
一緒に「たのしい」感をもてたとしたら、まずは「いいじゃないか」　111

○岡田　稔久（くまもと発育クリニック）
それは、２人から始まった　121

○新保　浩（一般社団法人そよ風の手紙代表理事）
「特別な父親」である必要などない　133

Run4u

父親 応援 メッセージ

本当に大切なことは子どもの笑顔のようにつながりの中からしか得られない

元衆議院議員
福島　豊

Profile

1958年１月大阪府堺市出生。1983年京都大学医学部卒業。同年京都大学医学部老年科入局。1991年三菱京都病院内科医長。1993年衆議院議員初当選（５期連続当選）。2000年厚生総括政務次官。2011年福島内科医院開設。

執筆にあたって

毎年２月には滋賀県の大津でアメニティ・フォーラムが開催される。全国から障害者福祉の関係者が集まってくる我が国最大のイベントと言ってよい。

私は最近、毎回お招きに預かっているが、今年のパネルディスカッションでは司会進行を担当された上智大学教授の大塚さんの思いつきもあり、発達障害の子をもつ父親が集まって自らの子育てに関する懺悔をしようという話になった。

お招きされる側の私は否も応もなくそのテーマで何を話したらよいか四苦八苦したのであるが、

そのパネルを見ておられた「アスペハート」の編集担当の方から1ヶ月ほどしてからご連絡があり、パネラーの一人一人にリレーで原稿を書いてもらいたいとのこと。政治家という職業では、ご依頼されたことはできる限り断らないことが大切で、いささか逡巡したものの結局お引き受けすることとした。

我が家と発達障害

前置きが長くなって読者の方には恐縮であるが、私が医学部を昭和58年に卒業してから発達障害という言葉に出会ったのは17年後の平成12年である。平成5年に私は衆議院議員に当選させていただき、その5年後に初めての子どもが誕生した。妻が切迫流産で入院を余儀なくされたものの、長男は特に支障なく出生したが、その後1歳頃から発達に遅れが認められるようになってきた。はいはいがなかなか始まらない、発語が遅いなどがあった。

その後、いくつかの医療機関を経て最終的に地元の大学病院で小児神経の専門医から下された診断は「広汎性発達障害」という病名だった。あわてて昔の小児科の教科書を取り出して読んでみたものの1ページ足らずの記述で何もわからなかった。何よりも親はどのように子育てをしていけばよいのかさっぱりわからなかった。

もっとも、こうした悩みは妻のほうが深刻で、なにしろ夫は平日は東京で仕事をしていて家に帰って来ない。週末帰ってきても会合やら選挙運動やらで家にはほとんどいない。全く頼りにならない夫など当てにせずに自分で頑張らなければならないと決意したことは容易に想像できる（こうしたことは怖くて妻には聞けないが)。

一昨年、選挙に落選して東京に行かなくなって毎日家に帰るようになったため、子どもは当初は少しとまどいがあったようだ。最初の内は「なんで東京に行かないのか」と尋ねて、「失業したからだ」と答えると嬉しそうな顔をして「オトウチー(彼は私をこう呼んでいる)は失業したんだって」と叫ぶ会話を繰り返したものだ。一方、妻からは「あなたはなにしろ生まれてから10年間は家にいなかったんですからね」と未だに責められていることから積年の思いを感じることができる。

妻は自ら手探りで地元の第1種自閉症児施設や児童相談所、療育機関など、利用できる資源の活用に取り組み、家庭内でもTEACCHにならった構造化を進めるなど精力的に頑張ってくれた。ただ、応用行動分析は感覚的になじめないところがあったのか、深めていく方向には進まなかったようである。

あまり役に立たない父親であったが、私は私なりにどう子育てをしたらよいか手探りで勉強を進めていった。手はじめに、太田昌孝先生の著書や有馬先生の教科書を勉強したのだが、具体的にどうするかはなかなか見えてこない。結局、私の役割は子どもに合わせてできるだけ一緒に時間を過ごすというところに落ち着いた。政治家という仕事は週末であってもいくつもの行事が入る仕事で、私はその中の1時間、2時間と細切れで家に戻ってきては、子どもと一緒に遊ぶようにした。

4歳ぐらいになった頃の我が子は、坂道を走ることが大好きで、私の家が淀川の堤防沿いにあることから、その坂道を飽きもせず繰り返し走り降りるのに何回も何回も付き合ったものだ。最後はさすがに飽きて家に帰るのだが、流れる風景を見るのが好きだったのかとも思う。

少しずつ言葉が出てくると私はオウム返しで聞き返した。妻は毎日毎日本を読み聞かせたが、文法を間違おうがどうしようが、とにかく言葉のキャッチボールを繰り返して止めないことが大切なのではないかと思ったのだ。今でも文法は正確さに欠けるが、とにかく子どもはよく話してくれる。繰り返しも多いが、その中でびっくりするような新しい展開があったりして、12歳になった今でも興味が尽きない。

また、子どもの好きなことをできるだけ一緒にしてきた。我が子は運動が苦手でボール遊びなどはあまり好きではない。自分が上手にできないとフラストレーションがたまるのであろうか、こちらが誘ってものってこない。何か一緒にできることをと試行錯誤の末たどり着いたのが工作だった。もっとも手先があまり器用なわけではないので、セロハンテープで貼りつけて組み立てていくのだ。一緒になって段ボール箱に穴をあけて秘密基地やらジオラマやらいろんな物を作ってきた。作っては壊しの繰り返しなので家の中はゴミだらけである。最近はそれに加えて絵を描くことが好きになって動物やら怪獣やらの絵をせっせと一人で描いている。ただ描くだけではもったいないので、ストーリーをつけて漫画にすることを始めたら、これも気に入っていろいろな話を興味が向くと作っている。次々と描き散らすこともあって、我が家はますますゴミだらけとなっていくのである。

子どもが診断を受けた頃、私は厚生総括政務次官についていたこともあって、全国を出張した際に自閉症関係の施設を伺わせていただき、専門の方々から勉強をさせていただいた。当時強烈に印象に残ったのは、強度行動障害という問題だった。私の子どもも、ストレスにさらされると自分の頭をぶつ行為をはじめかけたことがあったが、幸いあまり深刻化せずに今日まできている。

楽観主義でいこう

そうした中、２００５年に出版されたV.M.Durandの編集による「Autism Spectrum Disorder」に次のような一文を発見して私はびっくりした。拙い翻訳で恐縮だが、次のように書かれていた。

「3年後に子どもがより厳しい問題を生じるかどうかのもっともよい予想因子は両親の楽観主義である。言い換えると、3歳までに子どもの行動に影響を与える可能性をあきらめてしまった場合、その子どもは、後年より難しい行動上の問題を引き起こす可能性が高い。両親の楽観主義は、子どもの成長に対して保護的な役割を果たしているように見える。」

発達障害をもつ子どもの発達支援の方法論については、アメリカでは国レベルでエビデンスをふまえた評価が行われ、その結果も公表されているが、我が国ではまだまだそのような体制はできていない。多くの親が、また医学・心理学・教育学の分野における先駆者が、それぞれ努力を重ねてきて今日があるものの、個々の事例においては試行錯誤が未だ繰り返されているという思いがする。

我が家の子育ては妻が精一杯頑張ったものの、どこまで理想的な対応ができたかは私にはよくわからないし、また私はあまり役に立たなかったような気がする。しかし、この一文は個別の支援のあり方といった技術的な問題よりも、まずは親が希望をもつことが一番大切と言ってくれているようで随分救われた気になったとともに、この楽観主義を将来にわたってもち続けることが大切なのではないかと思った。

一方、こうした個人的な思いが根っこにあって、発達障害に対する支援の充実を図りたい一心で走り回って結実したのが「発達障害者支援法」で、思い出深い仕事の一つであるが、その後我が子の成長とともに実感される課題は変化していき、議員立法を実現させようと走り回っていた時とは私にとって発達障害を巡る風景が少し変わってきていることも事実である。

成長とともに……

我が子は今年中学校に進学した。小学生時代も地元の小学校で普通学級に在籍しながら特別支援学級への通級を行っていた。中学校は小学校の担任の「ぜひ地元の学校に行くべきだ」という強い勧めもあり地元の学校を選択した。

ただ、中学校に入ると学科が格段に難しくなっていくので、本人の水準と乖離が大きくなってきている。ゆっくりながらも様々な知識を身につけ、一定程度、論理性も構築できるようになってきていることを思うと、本人の到達水準に応じた教材の開発と指導の必要性を感じる。本人の水準との乖離幅をより狭くすることで更なる成長が期待できるように思えてならない。

理科とか社会とか子どもが勉強している教科書や宿題を見るとやたらと多くの用語が羅列されていて、それを覚えることは本人にはなかなか難しいようである。今は植物の構造と機能について勉強しているが、維管束やら被子植物・裸子植物といった分類など、抽象度が高い情報の記憶と整理は難しいのであろう。彼は自然や社会事象に対する関心はあるほうで、図鑑を見たりすることは好きなのだが、抽象度が高くなってくると壁があるのだ。もっとも維管束といった言葉を大人になっても覚えている人はどのくらいいるのかも疑問だが、より具象的な次元で将来にわたって役に立つ知識を教育するようなことはできないものかと思っている。

もう一つは人間関係の問題である。幸いなことに周囲の生徒さんはいろいろと気をつかってくれているのでありがたいのであるが、一人の人間として我が子が他者に対してどのように意思表示を行い、自らを説明し、関係をつくっていくのかが課題だと感じている。

教室という定型的な空間の中で机にじっと座って周囲に迷惑をかけずに行動することは、小学校時代にだいぶ身についたようであるが、より幅広い人との関わりをどのようにつくるか、ソーシャルスキルの向上をどうはかっていくのか。

一人っ子である彼に、この二年間ほどは大学生のいとこに頼んで家庭教師（遊び友達）になってもらっていたが、彼も就職してしまったため新しいラーンメイトを探している。

小学生・中学生を通じて放課後対策の充実をもっと図る必要があると感じ続けてきた。我が子の周囲にも不登校から引きこもってしまった子どももいる。教室というある意味で特殊な時空間のみでない多様な人のつながりをどのように確保するのか。また、多様な人のつながりを通じて子どもの発達をどのように促していくのか。

全国で様々な取り組みがなされているが、未だ保護者のボランティアが大きな役割を果たしている。支援の専門性と体制の継続性を考えると行政が担うべき役割はまだまだ十分に果たされていないと思えてならない。

しかし、これから先の展開はどうなるのか、正直言って私にもよくわからない。これもまた試行錯誤になると覚悟しているものの、まず特別支援学校の高等部への進学をどう考えるかが近い将来の課題である。最近は特別支援学校の入学者が増えて大変になっているというような話が聞こえてくるものの実態はどうなっているのか。そして、その次はどこで働くかという問題、また思春期の性の問題についてどう関わっていくか、まだまだ勉強しなければならないことがたくさんある。

先日、発達障害の生徒も積極的に受け入れている近畿情報高等専修学校（大阪府枚方市）という教育機関を訪れる機会があったが、そもそも私学も含めてどのような体制にこの国はなっているのか。そうした様々な課題に対して我が国の実態をこれからも丹念に探っていきたいと思っている。

親の役割とは

と、ここまで書いてきてご依頼のあった原稿量の半分にしか達していないことに気がついた。ここからはあまり私事に渡らずにアメニティ・フォーラムでお話をしたことを整理して筆を進めたいと思うが、その前に「子育てを通じて学んだことは何か」という問いに答えを記しておきたい。

私は子どもの笑顔が大好きである。笑顔にもいろいろとあるが、笑いを少しこらえて口先を少し膨らませて今にも笑い出しそうな瞬間がとても好きである。それは子どもの期待感に私の発言が合致して笑いがこみ上げている瞬間である。子どもが小さい頃に担任となった先生は我が子がよく笑う（自閉性が低いということ？）のを見て、「こうした笑いも大きくなっていくにつれてだんだん少なくなっていくのよね」と妻に話したと聞いて、いつまでも笑いが絶えない子どもであって欲しいと願った。私が子どもから学んだことは「人生は多様であって、そして本当に大切なことは子どもの笑顔のようにつながりの中からしか得られないものである」ということである。

さてそれで、アメニティ・フォーラムでは私はまず親の役割について次のように整理して申し上げた。

1　子どもの課題を把握するという役割
○医学的診断・発達の課題の把握
2　必要な医療や療育サービスを家庭の外部で確保するという役割
○どのようなサービスをどこで得ることができるか
○どのようなサービスを利用することが子どもにとって適切なことかという判断
3　家庭内で子どもの発達を支援するという役割
○家庭内の子育てのあり方と外部のサービスとの連続性
○家族のつながりという客観性を確保しがたい立ち位置で、自らの子育てを調整すること
○父親と母親の役割分担
○様々な特性をもつ兄弟の子育てとの調整
4　外部の教育・療育機関との連携・調整
○外部の教育や療育が子どもにとって何らかの問題を生じた場合の調整
5　子どもの集団内での課題に対する調整
○教育機関に対する働きかけや直接的な介入による調整

頭の中で一つ一つこれもあるなあと思って整理していくと5項目になったが、学問的な裏づけは申し訳ないことに全くなくて、私の頭の中に浮かんだ事柄を整理したものである。したがって、まだまだあるよというご意見も当然あろうかと思うし、一方でそんなことまで親が担うの、という意

見もあると思う。私自身、整理するのは容易いことだが実際にそれをやることは大変だーという思いが正直言ってする。

ただ、こうした親の役割について親自身が意識的であるかどうかは別にして、それぞれの状況に応じて一定の役割を果たしていることは間違いないと思っている。問題は、どう行動すればよいのかがよくわからない中でこうした役割を果たしていかざるを得ないということかと思う。親は自問自答せざるを得ない。もちろん、医療機関や療育機関、教育機関、当事者団体の連携など社会的資源には地域差があるため、こうした諸課題について適切な導きがある場合も当然あると思うが、問題はそうした活用可能な社会的資源が不足している場合である。

私は、障害者福祉施策の中で十分に実施されてこなかったことの一つに実態把握の取り組みがあると思っている。客観的なニーズの量的・質的把握と、現に存在するサービスの乖離についての評価が本来はすべての政策形成の出発点にあるべきである。障害者プランの策定の作業も議員時代は注目していたが、他の領域における予算編成と同じく増分主義であり、現状に対してどの程度のスピードで拡充を図るかという視点で形成されていたように思う。

先日、日本自閉症協会の雑誌に、英米の自閉症立法についての簡単な紹介を行う拙文を投稿させていただいたが、勉強の過程で感心したのは、英国の立法ではニーズの評価の実施について明確に記されていたことである。我が国の政策形成においても同様の取り組みがなされることを切望している。

次に、本人が果たすべき役割についてお話した。スムーズにいっている場合は別として、あまりに多くの役割を担わなければならないことになれば、強いストレスとなり、うつ症状を呈することも多いことを指摘した。さらに、将来の展望が見えないことによって不安が増幅される点についても申し上げた。

楽観主義の難しさ

親の楽観主義は、長い時間が経過する中で厳しい挑戦を受け続けるとも言え、私もこれからの人生の道行きについて不安がないかと言えばウソになる。

ある時、大学時代の友人から聞かれた。「子どもさんはどうするの？　施設にでも入れるの？」彼もまた子どもの障害で悩んできた経過を伺っていたので、こうした質問が出たことに正直言ってびっくりしたのであるが、私も53歳になって果たしてこれからどうするのか自問自答をしている。願いはただ一つ、生涯に渡って我が子が幸せに暮らしてほしいということだけであるが、そのための備えはいかにあるべきか、この問いに対する答えはまだない。

将来が見えないということについては、社会のありようそのものも大きく関わっている。政治もその一要素である。障害者福祉制度は戦後の50年間を通じて充実が図られてきたことは間違いがないが、先述のとおりまだまだ不十分な水準にとどまっている点も多い。

また、何よりも社会自体の障害をもつ人に対する理解はどこまで進んだのか。この国会では先日、障害者虐待防止法が成立したが、障害者虐待の事例についても未だ後を絶たないし、何よりも表面に出てこない様々な事例が存在していることは想像に難くない。私にできることを精一杯やっていこうという思いはあるものの、親が安心できる社会になってほしいものだと願わずにはいられない。

また家族内の役割分担も重要だとつくづく実感している。あまりに家にいなさすぎた私であるが、この二年間は毎日子どもと何かをしている。最近はＴＶゲームを一緒にすることもできるようになったというか、私がやっているのを子どもが適度に介入して楽しむようになった。母親はその方面はさほど関心がないため私の出番となるわけだが、私もＴＶゲームは上手ではなく、失敗の連続を見て子どもが楽しむという構図になっている。いずれにせよ責任を分かち合うということが家族内でも重要だと実感する次第である。

家族像の変化

その次にお話をしたのは、Anton Hecimovic と Susan Gregory の編集による『Autism Spectrum Disorders』における「The Evolving Role,Impact,and Needs of Families」についてである。この本も興味深く読ませていただいたが、その中で、家族像の変化ということが語られている。そこでは、かつての無力な家族像・ネガティブな家族像から発達を支えるポジティブな家族像へ転換をすることの必要性が力説されている。

旧来の家族像の特徴として５つの特徴を指摘している。

1　医師が何が最善かをわかっている
2　親は子どもの問題に貢献する
（問題の解決について寄与するのか、問題をこじらせるほうに寄与するのか？）
3　親は非現実的である
4　親は問題を解決するために専門家を必要とする
5　すべての親はカウンセリングを必要とする

それに対し、新しい家族像として次のような特徴をあげている。

1　子どもは家族の中で最善の発達をする
2　家族の構成員は相互に依存している
3　親が子どものニーズを最もよく把握している
4　家族が最良の擁護者である
5　家族は子どもの発達に関与することを望んでいる
6　家族は専門家に質問をすべきである

※（一部省略）拙い翻訳で誤りがあればご指摘をいただければ幸いである。

そして支援のあり方について、専門家を中心とした支援から、家族中心の、家族と連携した、家族に焦点をあてた支援に転換することの必要性を指摘している。家族中心の支援について次のような特徴があげられている。

1 家族自らがサポートする専門家の支援を受けて彼ら自身のニーズを決定する
2 家族のニーズがサービス利用や資源の提供のあり方について決定する
3 専門家は家族にとって代理人でありまた利用すべきものである
4 家族のニーズに合致するように、フォーマル／非フォーマルな資源のネットワークを形成する能力を強化する

現在、私は医療の現場にいるが、医療も、かつて医師のパターナリズムと言われたような専門家中心の医療から、インフォームド・コンセントという概念に表現されるように、患者中心の、自己決定を重んじるものに変化してきている流れと同質のものを感じる。ただ、家族自体の病理という問題や、自分自身の経験では自己決定と迫られてもどう決定してよいかわからないことも多いことを考えるとパターナリズムと家族中心主義のちょうど中間ぐらいがよいのではないかとも思う。

以上、とりとめなく筆を進めてきて結論は何なんだと言われそうである。さしあたっての結論は先述したが、本当の結論はまだない。これから20年となるか、30年となるかわからないが我が子と過ごす時間を通じて結論が出てくるような気がする。

発達障害のある息子たちにとって暮らしやすい、やさしい社会になってほしい

●障害者虐待防止法が成立するまでの15年

毎日新聞論説委員
野沢和弘

Profile
1959年静岡県熱海市生まれ。毎日新聞社で厚生省担当，薬害エイズ取材班，児童虐待取材班を経て，現職に。社会保障審議会障害部会委員，内閣府障害者政策委員会委員，植草学園大学客員教授，上智大学非常勤講師など。

障害者虐待防止法の成立した日

「今日、党内合意がなりました。ようやく虐待防止法ができます。こんなにお待たせしてしまい申し訳ない。」

子ども手当の与野党の修正協議がどうなるかという記事を会社で書いている時だったので、2011年6月中旬のころである。受話器からは高ぶった声が流れてきた。相手は民主党の若手衆院議員である。

「本当ですか?」私の声はずいぶん間の抜けたように聞こえたに違いない。内閣不信任決議案を

出された菅直人首相がなんとか窮地をしのいだものの、辞任時期を明確にしなかったため再び党内や野党の間から批判が高まっていたさなかである。ただでさえ、「ねじれ国会」で予算関連法案や東日本大震災の復興をめぐる法案などが何一つ通らない状況なのに、さほど重視されていなかった障害者虐待防止法が動き出すというのか。

「いやあ、いろいろありましてね。」議員は苦笑しながらも感情の高ぶりは隠せない様子だ。「明日にも衆院の委員会を通します。金曜日には参院で可決し……」

「成立ですか？」

「はい。今回は大丈夫です。」

それでも私はまだ半信半疑だった。２０１１年通常国会の会期末は6月下旬の予定だった。内閣府の「障がい者制度改革推進会議」がまとめた初の法案である障害者基本法改正案が会期末に提出され、審議のスケジュールが決まっていた。それでも国会の状況次第では予定通りに進まないことは十分予想できた。基本法改正案とセットで虐待防止法案が出される可能性があることは聞いていたが、そんなに都合よくものごとが進むようには思えなかった。これまで何度となく障害者虐待防止法は成立に向かって進みはしたものの、その時の政局の都合で葬られてきたのである。

窓の外に目を向けると梅雨空の下に皇居の若い緑がまぶしく光を跳ね返していた。私が勤務している新聞社の編集局はお堀端に向かって全面の窓ガラスが広がっている。皇居の緑が見えるガラスの向こう側には初夏の風景が広がっていた。新聞記者になってから28年目、津と名古屋の勤務を経て東京本社に異動してからは17年が経っていた。この窓から見える風景は自分の記者人生の「壁紙」のようでもある。新緑が輝く壁紙を背景に胸を躍らせて原稿を書いたこともある。どんより曇った冬枯れの壁紙を眺めながらキーボードを打つ指の先に悔しさや憤りを宿らせていたこともある。特に障害者虐待に関する記事はそうだった。鉛のような重い毒を飲み込んだような気持ちでどれだけ虐待を告発する記事を書いてきたことだろう。

私がキャップを務めた取材班が児童虐待のキャンペーン報道を始めたのは1998年のことだった。全国から反響が殺到した。それまでも児童虐待は毎年多数起きていたにも関わらず、社会問題として取り上げられることがなかった。何とかしなければと児童福祉や司法や医療の場で専門家たちが奮闘していたが、まだ社会問題としては十分に認知されていなかったころである。その充満するガスに火をつける役割をしたのが私たちの取材班だったのかもしれない。超党派の国会議員が児童虐待防止法案を議員立法で国会に提出したのはキャンペーン報道を始めてから1年余り後のことだった。

それから季節は何度も変わり、児童虐待防止法は施行後3年ごとに改正を重ねた。高齢者虐待防止法も2005年に成立した。しかし、障害者の虐待防止法だけはどうしてもできなかった。児童虐待の舞台は家庭であり、高齢者虐待は家庭と施設だ。これに対し、障害者虐待は家庭と施設に加え、職場、学校、病院がある。それだけ年代的にも幅広く、虐待現場も多いのにも関わらず、後回しにされてきた。政局とのタイミングがたまたま合わなかっただけと言われればそうかもしれないが、一般国民やその国民から選ばれた国会議員にとって、子どもや高齢者とは違って障害者のことはどこか他人事として思われているように感じたものだ。

水戸市工場での障害者虐待事件への取材

スリッパで顔を何度も殴られた19歳の男性は耳が半分ちぎれて病院に運ばれた。

「(社長を) 殺してやりたい……。」

そう言って絶句した男性の目に涙がふくらみ、こぼれ落ちた。男性に取材したのは15年前のことだ。あどけなさの残る横顔を見つめながら、私は取材のペンを走らせている自分の肉体から心が遊離し深い穴の中に落ちていくような感覚をおぼえた。それは私自身に知的障害を伴う自閉症の子がいるからに違いなかった。

誰でも子どもだったことはあり、いずれは誰もが年を取る。誰だって家族や身近なところに子どもや高齢者はいる。しかし、障害者虐待に対する怒りや悲しみは誰にでも同じような震度で共感されるというわけではないらしい。偏狭だと思われるかもしれないが、厚い壁にぶち当たって跳ね返されるたびに、そうした苦い思いが胃袋からこみ上げてきたものだ。

19歳の男性が働いていた工場は茨城県水戸市にあった。工場には約30人の知的障害や発達障害の従業員がおり、社長から殴る蹴るなどの暴行を日常的に受けていた。公的な助成金で新築された従業員寮では障害のある女性に対する性的な虐待が繰り返されてきた。社長は自分だけでなく、飲み友達や遊び友達を連れ込んでは障害のある女性にいたずらをさせていたという。

「こんなかわいそうな子、預かってもらえるだけでありがたい。少々ぶたれたっていいんです。あの社長は神様みたいな人だ。」

取材で訪れた私に向かって、息子が工場で働いていたある父親はそう答えた。どうして虐待されている我が子を守らず、虐待している相手を擁護するのか。義憤や戸惑いを感じないわけではなかったが、よくよく考えてみれば我が子が殴られて悔しくない親などいないはずなのに……という素朴な疑問にたどりつくのだった。生まれてきた我が子に知的障害や発達障害があるとわかった時、多くの親はショックを受け、落ち込み、神様を恨んだりする。障害に対する社会の理解や福祉が充実してきたので今は少し違うかもしれないが、20数年前に息子の障害を告知された時の私がそうだった。

まるで無人の惑星に置き去りにされた気持ちになっている時に出会う支援者には過度に期待をかけ、神様のように見えてしまうことがある。そうとでも思わなければ自分自身の不安をぬぐい去ることができない、他に行き場のない恐ろしさを直視することができないからである。そのような親の愚かしくも屈折した心情を笑えるだろうか。障害者虐待を他人事にしか感じない社会の感性に黙って目をつぶり、焼けて乾ききった砂の中に自らも埋もれることを強いなければ生きてこられなかった親たちなのである。

補助金の不正受給が発覚して社長は逮捕され有罪判決を受けたが、性的虐待については当時の弁護団が数々の告発をしたが1件も起訴されることはなかった。検察などの取り調べを可視化する必要性が叫ばれ、特に知的障害者に対する取り調べの誤りの反省に立って可視化が試行されている現在とは違い、当時の捜査機関は障害特性などに配慮する気配は微塵もなかった。障害者は被害者になった時には救済されず、嫌疑をかけられると余分なものまで背負わされて司法のレールに乗せられる、とよく言われていた。

知的障害のある夫婦は養鶏所に住み込みで働いていたが、生命保険をかけられ宿舎ごと放火されて妻が死亡、夫も大やけどを負った事件がある。保険金放火殺人という重大事件にも関わらず、夫の証言があいまいだという理由で捜査を中座し13年間も放置されていた。障害ゆえの弱さが捜査当局の怠慢を許してきたのである。

一方、知的障害をもった人が嫌疑をかけられ、密室での取り調べの中でやってもいない罪を認めてしまうことがある。何年も過ぎてから冤罪が証明される例もあるが、無実の罪を着させられたまままという人がいるにちがいない。「人を殺す経験をしてみたかった」「自分が殺してしまった相手はすでにこの世にいないのだから、謝罪することはできない。」殺人などの重大事件を起こした発達障害の少年は捜査や公判の場でそのように述べ、マスコミが大々的に取り上げたことがある。そのような発言をしたら自分がどう思われるのか、被疑者としてどのようなマイナスをもたらすかという想像がはたらかないことが、被疑者になった時に不利益をもたらすのである。

それは日本だけではない。イギリスの発達障害の研究者であるパトリシア・ハウリン教授から聞いた話だが、違法薬物の売買で逮捕され起訴されたアスペルガー症候群の男性が、裁判長から「自分のやったことが悪いと思っているのか」と問われ、「私は悪くはない。きちんと薬物の分量をはかり適正な値で売っている」と答えたという。また、性犯罪で起訴された別のアスペルガーの男性は裁判の場で「以前に同じことをやった時には見つからずに誰からも責められなかった」と自ら余罪を告白したという。

水戸市工場での障害者虐待事件への世間の目

水戸市の工場での虐待事件は、社長には有罪判決が下ったが執行猶予つきだったため、怒った支援者たちが裁判所の構内で社長の車を取り囲んで騒ぎ、支援の中心だった3人が逮捕される事態となった。弁護団が性的虐待など十数件を追告訴していたが、それらもすべて起訴には至らなかった。その後に起こされた民事訴訟では若手弁護士や支援者が地道な活動を続けたものの、障害者虐待の社会的取り組みが一時的に水を差されるような状況になったことは確かだ。

社長に執行猶予つき判決が下った日、裁判所の構内で障害者と支援者が騒いでいるのを目の当たりにした地元支局の若い記者は興奮して私に食ってかかった。

「あなたたちが無責任な記事を書くからこんな騒ぎを引き起こすことになるのだ。どう責任を取るのだ。」

本社からやってきた先輩記者の私に向かって彼はわめき散らした。支局の若い同僚記者たちは戸惑った顔をしながら彼を止めようとはしなかった。ふだん彼は地元警察署で、警察の対応を批判する本社発の記事に対して批判されたり嫌みを言われたりしていたのだろう。〈気の毒かもしれないが一部の少数者である障害者の人権のようなものをあたかも大きな社会問題にするからだ……〉。それが「世間」の常識的な空気だった。そのような無言の戒めが私に向けられたような気がした。「世間」の感情や思想が後輩記者の口を使って批判の矢を降らせたのである。

裁判所の構内が騒然とする様子を伝える夕刊社会面トップ記事の下に、障害者や支援者が追い詰められた理由を見失わないでほしいという解説記事を私は書いた。後輩記者の怒声や冷めた視線を浴びながら締め切り時間に追われてパソコンのキーを必死に打った。1秒でも早く支局を去りたい気分だったが、本社から来た先輩記者として意地でも惨めで無念な思いを顔に出すことはできなかった。その日も暑かったような記憶がある。障害者と支援者が裁判所構内で騒いでいた時、少し離れたところで地べたにへたり込むように座っていた弁護士の顔を覚えている。心血を注いで積み上げてきた仕事が音を立てて崩れていくのを間近で見ているような心境だったのかもしれない。

水戸市工場での障害者虐待事件報道がもたらしたもの

「意外な展開になってしまったな。」

皇居が見える本社に戻ると8年ほど年長の担当デスクが苦笑しながら声をかけてきた。かつて薬害エイズ問題を社内外で四面楚歌になりながら調査報道した先輩記者で、障害者虐待でも私や取材班の記者の後ろ盾になってくれた人だった。捜査当局が立件できないと判断した性的虐待についても被害を受けた女性障害者の証言をもとに記事化したことに対して社内には異論もあったのである。

「あの薬害エイズだって調査報道から裁判で和解が成立するまでに7年かかったんだ。障害者虐待だってそんなに簡単に行くものか。10年がんばってみろ。そうしたらお前のことを褒めてやる。」

そうとしか慰めようがなかったのかもしれない。それほど私の顔に落胆と疲労が表れていたのかもしれないが、ふだんは峻烈な気性の担当デスクにしては珍しく優しい声だった。

水戸市の工場の虐待事件は不本意かつ想像もつかない展開になったが、私たちの報道が重くさびついた鉄のふたを開けたように、これまで埋もれていた障害者虐待の実態が各地で表面化するようになった。それを後輩記者たちが取材し原稿に書き、編集担当の記者たちが紙面を割いて大きな記事にレイアウトしてくれるようになった。私が率いていた取材班も各地の障害者虐待を発掘しては報道しキャンペーンを進めた。国会でも質問に取り上げられ、当時の小泉純一郎厚生相は「聞けば聞くほど胸がふさがれるような思いだ。障害者の権利擁護についてもしっかり取り組んで参りたい」と答弁した。私たちの報道記事をもとにして『聖者の行進』というテレビドラマも作られた。連載記事は単行本『福祉を食う～虐待される障害者たち』（毎日新聞社刊）になり、一連の報道は1998年の新聞労連大賞を受賞した。しかし、障害者虐待に対する立法措置に向けての動きはまだ見られなかった。

障害者虐待防止法の制定に向けて

チャンスが訪れたのは2005年だ。

「高齢者虐待防止法ができるのですが、障害者の法律はなくてもいいんですか。」

そう電話をしてきたのは山井和則衆院議員である。民主党の高齢者虐待防止法づくりの事務局を任されているという。福祉現場で働いた経験がありスウェーデンで福祉を学んだこともある議員だ。福祉をライフワークとする山井議員は与野党が成立に向けて合意した高齢者虐待防止法の対象を障害者にまで広げて「高齢者・障害者虐待防止法」にすべきかどうか迷っていると言った。児童虐待防止法も高齢者虐待防止法も法律の骨格は共通している。踏みつけられても自らSOSを発することが難しい人の場合、虐待に気づいた人には必ず通告しなければならないことを義務づける。つまり国民に通告義務を課すのである。通告を受けた機関は立ち入り調査などを実施して事実関係の解明に努め、被害を受けた人を保護してケアを行う。加害者（親など）の立ち直りや責任追及などを通して再発防止や予防にも努めるというものだ。

山井議員は民主党議員たちに呼びかけて勉強会を開催し、そこに私を講師として呼んでくれた。必ずしも弾むような反応があったわけではないが、国会に対して障害者虐待防止法の成立に向けての小石を投げ込む初めての試みにはなった。私は当時、知的障害者の親の会の全国組織である「全日本手をつなぐ育成会」の権利擁護委員長だった。この委員会には障害者の権利擁護に熱心な弁護士たちが無料相談などを通して何かと協力してくれていた。彼らの意見なども聞きながら、障害者虐待防止法案のガイドラインを独自に作成し、機関誌で全国の会員たちにその必要性を呼びかけた。また、機関誌を使って虐待のアンケート調査なども行った。

こうした動きが影響したのかもしれないが、厚生労働省内に勉強会が立ち上がり私を含めた5人の民間委員が議論することになった。勉強会には毎回与野党の国会議員が何人も傍聴に訪れ、民間委員からマイクを奪うようにして発言した。ふつうなら黒子に徹している事務局側の厚生労働省の官僚たちも積極的に意見を述べた。形骸化が指摘されることがよくある審議会などには見られないような熱気がたしかにあった。

その年の夏に開かれた育成会の権利擁護セミナーでは民主党の中根康浩議員、公明党の福島豊議員が壇上に立って障害者虐待防止法の必要性について意見を述べた。各党が虐待防止法の原案を作成して持ち寄り、すり合わせを行って議員立法で法案を国会提出する運びとなっていることが明らかにされた。司会をしていた私がどれだけ胸躍る思いだったことがわかってもらえるだろうか。児童虐待防止法の時には私は新聞記事を書いただけで、自分の知らないところで超党派の議員たちが動いて法律をつくっていったが、今回は自ら国会議員たちにはたらきかけ、厚生労働省の勉強会に参加するなどして法案提出の原動力を担ってきたという自負があった。政・官・民が一体となって障害者を守るために波を起こしてきたという高揚感に酔っていた。

しかし、順調にものごとが運ぶときほど大きな落とし穴が待ち構えている。そうしたどんでん返しを味わうことなど珍しくもない年齢になったが、当時はまだそんな余裕がなかった。育成会の権利擁護セミナーからほどなくして、当時の首相である小泉純一郎氏は郵政解散に打って出た。郵政民営化を進めることに反対した参院が法案を否決すると、衆院を解散して民意を問うという策に出たのである。郵政民営化法案に反対した議員は公認せず、華やかな女性刺客を選挙区に立てる「劇場型選挙」はマスコミを引きつけた。新聞や週刊誌は大きく取り上げ、連日のように刺客たちはテレビ画面をにぎわせた。その結果、自民党は３００議席を超える大勝利となり、それまで年金や障害者の分野で行われていた与野党の話し合い路線は吹き飛んでしまった。民主党の中根議員をはじめ虐待防止法に関心を寄せていた議員の何人かが落選の憂き目を見た。

いつも人生はこうなのだ。真夏の太陽を浴びながら海水浴場で盛り上がっていると、次のページをめくった途端に冬枯れの野である。

ただ、雪で覆われた土の中から新しい芽が出てくるということも信じなくてはいけない。郵政選挙によって誕生した大勢の「小泉チルドレン」の中に、障害者虐待防止法を作りたくて立候補したという変わり種がいた。高鳥修一さんという新潟県選出の議員だった。それから4年後に民主党が政権交代を果たした総選挙で落選してしまうのだが、新人議員として厚生労働省障害福祉課にしょっちゅう顔を出すようになる。自分にも知的障害の子がおり、新潟県上越市の育成会の会員でもあった。当たり前のことだが、障害児の親はあらゆる地域、あらゆる職業、あらゆる年代にいる。障害児の親である中根康浩議員が落選した選挙で、まったく別の選挙区から別の親が立候補して当選することはそれほど不思議でもない。

経済財政諮問会議が「骨太の改革」を主導した小泉政権下では、社会保障予算は高齢化に伴う自然増を毎年2200億円減額するという厳しい政策が取られた。そうした逆風の中で自民・公明の国会議員たちがもう一度、障害者虐待防止法の成立に向けた動きを始めた。火をつけたのは高鳥議員だったかもしれないが、法案作成の中心は公明党の福島豊議員だった。同僚の高木美智代議員と協力して素案づくりに奔走した。自民党では馳浩議員らが参戦することになる。郵政選挙で落選したがその後の参院選で議席を得た衛藤晟一議員らの影響も大きかった。

小泉首相が辞めた後、安倍晋三、福田康夫、麻生太郎――と2世、3世議員が相次いで首相官邸の主となったがいずれも1年でその座を降りることになる。その麻生政権の頃、自民、公明、民主各党が障害者虐待防止法の勉強会を開き、そこにまた私が呼ばれることになった。そして2009年、麻生政権の通常国会で3党の法案が出そろい、国会審議に向けた話し合いを待つばかりになった。ところが、今度は政権交代を目前にしていた民主党が麻生政権を解散に追い込むことに国会戦略を絞り、またしても障害者虐待防止法案は審議に至ることはなかった。

歴史的な政権交代が実現したのが同年夏の総選挙だった。障害者虐待防止法の制定に向けて初めに私に声をかけてくれた山井議員は厚生労働省の政務官に就任した。いよいよ舞台は整った。と思ったのだが、民主党は障害者政策を当事者主体の制度改革推進会議にゆだねることにしたため、虐待防止法はまたしても後回しにされる気配が濃厚だった。推進会議は車いすや視覚障害の当事者たちが中心を担っていた。彼らは差別禁止法や国連障害者権利条約の批准、自立支援法に代わる総合福祉法（仮称）に向けては熱心だったが、虐待防止法に関してはどちらかといえば距離を置いていたように見えた。旧政権が取り組んでいた課題だったせいかもしれないが、虐待は判断能力にハンディがあり自分でＳＯＳを発することが難しいタイプの障害者が被害者になることが多く、判断能力も問題解決能力も表現力も秀でている身体障害の人々にとって優先順位がさほど高くなくても不思議ではない。

しかし、その民主党政権も当初の「政治主導」が思うように機能せず、予算の組み替えで17兆円を捻出できるという前提で掲げたマニフェストも財源不足から大幅な修正を迫られていく中で、あっという間に失速していくことになる。２０１０年の参院選では惨敗し、再び「ねじれ国会」のアリ地獄が現出した。何もかも進まない中、障害者施策に熱心な与野党の議員らが水面下で自立支援法改正、虐待防止法制定などに向けて動き出すことになる。

社会への願い

振り返ってみると何とも紆余曲折の歳月を重ねてきたものだと思う。水戸の工場で虐待されていた少年の涙を見た日から15年。社会部の記者だった私はその後、科学環境部と社会部の副部長を経て夕刊編集部長という管理職となり、取材の現場から遠ざかってしまった。50歳になった年に論説委員となり、再び記事を書くポジションに戻ってきた。「10年がんばったら褒めてやる」と先輩記者から言われた、その10年をはるかに過ぎてしまった。

小学生だった自閉症の長男は現在25歳。養護学校高等部を卒業後、親の会の小規模作業所に3年通い、東京の企業が設立した特例子会社に入社した。相変わらず言葉を話さず、自分の中のルールが乱されるとパニックになってつかみかかってくることも時折ある。それでも会社員として給料をもらって働いている。ロックバンドのライブでは乗りまくったりもする。青春の日々を送っている。渦中にいるとわからないが、時代は大きく変わってきたと思う。そしてこれからも大きく変わっていくと思う。それがどのようなものであれ、発達障害のある息子たちにとって暮らしやすい、やさしい社会になってほしいと願っている。

子育ては難しい発達障害をもつ子どもの子育ては、さらに難しい

一般社団法人日本発達障害ネットワーク元代表
山岡　修

Profile
長男がＬＤ傾向であったことから親の会の活動に参加。全国ＬＤ親の会会長，日本発達障害ネットワーク代表等を歴任し，文部科学省や厚生労働省の委員を多数務めた。現在，NPO 法人全国ＬＤ親の会顧問，一般社団法人日本ＬＤ学会理事。

はじめに

28歳になる長男は、小さい頃は、知的にはボーダー域であったが、算数困難、手先が不器用等のＬＤ傾向があり苦労を重ねてきた。一旦就職したが残念ながら離職し、現在は、就労移行支援事業所で訓練中である。私が、この長男の子育てを通じて学んだことはたくさんあるが、あえて簡単にまとめてしまうと、「子育ては難しい。発達障害をもつ子どもの子育ては、さらに難しい」「親の思い通りに子どもは育たない。発達障害をもつ子どもの場合は、さらに思い通りに育つことは難しい」「発達障害をもつ子どもの場合、通常の子どもより、より多くの介入が必要である」というよ

うなことがあげられる。

あらかじめ、お断りしておくが、私はゴルファーで言えば「理論シングル」である。親の会に20年以上参加し、先輩方の背中を眺め好事例や悪事例をたくさん見てきた。また、膨大な書籍や資料を読み、多くの専門家の先生方の話を聞いてきたので、知識は豊富にもっている。しかし、自らの子育てに関して言えば、残念ながら、理論通り、理想通りに役割を果たせていないことをまずお断りしておきたい。

自分で子育てをやり直すことはできないけれど、後に続く人たちに「失敗から学んだこと」をお話しすることはできるかもしれない。そのような思いで本稿のご依頼をお引き受けした。

父親としての役割とは

子育てにおける父親の役割として、一般的には経済的・物理的な諸条件を整えることがまずは大切とされている。中には「子育ては母親に任せた」といった態度を示し、子育てに無関心な父親も多いが、それでも、健常の子どもの場合は、問題なく育っていく場合が多い。しかし、発達障害をもつ子どもの場合は、父親の役割が重要だと言われているのである。

では、父親としての役割とは何かというと、子育てについて母親との適切な役割分担を果たすこと、男親ならではの役割を果たすこと、メンター役として母親を支えること、があげられる。いずれも健常のお子さんの場合でも求められるものではあるが、発達障害をもつ子どもの場合は、これらのことが、子どもが順調に成長・発達するかどうかの鍵といってよいほど重要と言われている。

まず、「子育てについて母親との適切な役割分担を果たすこと」とは、子どもの特性、家族構成、家庭環境等により異なるので、何をどの位という明確な基準はないが、少なくとも子育てを「母親任せ」にしないことである。例えば、風呂に入れる、算数を教える、情報を集める、土日には公園に連れていく、留守番をする、療育教室への送り迎えをする、買物を担当する、謝りに行くといったことを分担することである。発達障害をもつ子どもの子育ては、健常のお子さんと比べると、親がやるべきことが多く、忙しいので、父親もかなり役割を分担しないといけないのである。

次に、「男親ならではの役割を果たすこと」とは、例えば、運動面などの体力を要すること、土日に遠出に連れていくことなどがあげられる。子どもが男の子であれば、小学校高学年以上では風呂の入り方を教えることや、働くことについての心構え等を教えること、性教育も父親の役割になるだろう。また、学校や行政機関等に交渉に行く場合などの「いざという時」は、男親である父親がネクタイを締めて出向いていくと効果がある場合がある。状況をよく理解できていないような場合は、あまり口を開かなくてよいので、説明は母親に任せて、黙って座っているだけでも、相手方に対する効果を生むことがある。

最後に、「メンター役として母親を支えること」とは、母親は思い通りにならない子育てに苦しみ、悩みを抱えている場合が多い。前述のように役割を分担しつつ、母親の悩みを聞いて受けとめること、共感を示し、労苦をいたわることが大切である。また、母親は24時間３６５日子育てに追われているので、時には、子どもを外出に連れ出したり、留守番を買って出たりして、母親を子育てから解放してあげる場面を意識的につくることも必要である。

父親として、してきたこと、できなかったこと

長男が生まれたのは1987年で、難産で時間もかかり、すぐに産声をあげなかったそうである。妻の実家の近くの病院での出産したこともあり、私が初めて長男と対面したのは、生後1週間位後であった。相当苦しい思いをして出て来たのだろう、皺があり、くしゅんとしたような顔をしていて、後頭部にボール大の頭血腫ができていた。医師からは、頭血腫はいずれ消えていき問題はないと説明され、母子手帳には「正常分娩」と記されていた。しかし、この難産で頭血腫が起きるほどの圧力が小さな頭蓋骨と脳にかかったこと、産声を上げるまでのほんの数十秒の空白の時間がもたらした酸欠状態が、長男の発達に重大な影響を与えたことは疑う余地がない。

生まれた直後は動きが少なく手間がかからないなと感じたこともあった。振り返ればそのことが発達に問題があることの兆候を示していたのかもしれないが、不安を抱きつつも確証はなく、適切な診断や相談に応じてくれる機関もない時代であった。3歳下に長女が生まれて、反応や動きがあまりにも違うことに驚かされ、幼児教室等に行けば、同世代の周りの子どもとの違いに愕然とした思いをした。

その後の子育ては、想像を絶するほどの苦労の連続であったが、その大半は妻が黙々と対応してくれ、私は上述の理想像とは程遠い父親であった。幼児期はLD傾向のあるボーダー域で、「難しいタイプのお子さんです」と専門家に言われた。生まれた時にあった頭血腫は消えたが、乳児期は体力も免疫力も弱く、風邪をこじらせたり、下痢が止まらなくなったりで、何度も入院した。また、体のあちこちに問題が生じ、色々な診療科にかかり入院や手術も経験した。幼稚園＝3園、小学校

＝2校、高校＝3校と、各々事情は異なるが、多くの転校も経験した。病院、療育機関、学校等数え切れないほどの機関を見学し、変わり、通った。一番苦労したのは長男なのだが、その場面々々の大半に妻が付き添い、調べ、対応してくれた。要所々々では、父親として役割を果たしたし、普通の父親よりは頑張ってきたつもりなのだが、妻の評価は「何もしてくれなかった」と手厳しい。その位、母親が果たしてきた役割は手数が多く、日々苦労の連続であり、その労苦は想像を絶するものであるということだと思う。

私が父親としてできたことや、していることがあるとすれば、要所では、学校や各種の機関に出向いて交渉や挨拶を行ってきた。また、療育手帳や年金の取得の手続きを行ったこと、成人になってからは、土日に二人で外出や食事をしたり、年に一度位は私と長男で旅行に出かけるようにしたりしていることくらいである。

親の会の活動を通じて取り組んだこと

私がLDという言葉に出会ったのは、長男が4歳になった1992年頃であった。長男の成長にずっと違和感をもっていたが、三歳下に生まれた長女との違いを目の当たりにして、疑念はふくらんだ。言葉が遅いし、運動が苦手だが、知的障害ではなさそうであった。あれこれ医療関係の書物を読み漁ったがぴったりくるものがなかった。その頃、新聞で「LD」に関する小さな記事を目にして参加した会合が、たまたま上智大学で開催された日本LD学会の第1回大会だった。会場では書店にはなかった専門書が販売されていたので、何冊か買い込んで読み漁った。ようやく長男の症状に近い障害に出会え、初めて納得した気持ちになった。

ＬＤについて勉強してみようと思い立ち、研究論文等の文献を探して、色々な大学や公的図書館を巡り歩いた。中でも資料が豊富だった現在の明治安田こころの健康財団の図書館や筑波大学の図書館には何度も通った。収集癖がわざわいして、気がつけば、収集やコピーした文献は３０００件を超え、５０００件の文献データベースができていた。当初は、長男の発達によい方法を探すために「ＬＤについて勉強してみよう」と思い立ったのがきっかけであったが、いつの間にか研究することが主役になってしまったような部分があった。ダンボール５箱分の資料は今や倉庫の片隅に積み上げられている状態だが、その当時読み漁った文献は、恐らく大学４年間の勉強量をはるかに超えたものであり、それらから多くの知見や事例に触れることができた。自己流の勉強に過ぎないのだが、そこから得た知識は、その後の私のベースとなっており、これがあったからこそ、親の会等での活動ができたのではないかと思っている。

当時はインターネットが一般化する前の時代で、パソコン通信のフォーラムで、各地の親の会の人たちと知り合ったことをきっかけにして、全国ＬＤ親の会の事務局の手伝いをするようになった。２００1年1月に文部科学省から「21世紀の特殊教育の在り方について」が公表され、特別支援教育への転換の中で、「ＬＤ、ＡＤＨＤ、高機能自閉症」を新たに支援の対象に加えようという提言がなされた。これをきっかけとして、日本自閉症協会（自閉症）、全国ＬＤ親の会（ＬＤ）、えじそんくらぶ（ＡＤＨＤ）の3団体による懇談や情報交換が始まった。障害の違いから個々のニーズには異なる点があるものの、制度や支援策といった国に要望するような大きな枠組みでみると、共通点が多いことが徐々にわかってきた。そして、３団体でフォーラムを開催したり、アンケート調査をしたり、要望活動を行ったりするようになった。従来バラバラであった関係団体が連携して要望することにより、要望を受ける行政の側も対応しやすくなり、特別支援教育の進展を促進する動きに繋がった。２００４年には、厚生労働省で始まった発達障害を巡る勉強会をきっかけに、上記の3団体に加え、アスペ・エルデの会、エッジも含め連携して働きかけを行ったことも功を奏し、発達障害者支援法の成立に結びついた。

発達障害者に対する支援を具体化し、拡充させていくためには、関係団体の連合体が必要との考えから、私の方で青写真を描き、各団体に呼び掛けて準備会を重ねた上で、２００５年12月には日本発達障害ネットワーク（ＪＤＤネット）が発足した。裏方に徹するつもりにしていたのだが、思いがけず指名され、初代代表に就いた。ＪＤＤネットは、予想を上回って設立当初から、全国団体9団体、地方団体28団体が加盟した。従来バラバラに動いていた発達障害関係の諸団体の大同団結として、また当事者だけでなく学会や職能団体も参加したユニークなネットワークとして注目を集め、設立当初から我が国における発達障害を代表する団体として認知された。

２００５年4月に施行された発達障害者支援法は理念法と言われ、具体的な事業が示されていなかったが、以降厚生労働省や文部科学省を中心に、発達障害者支援関係の事業が数多く取り組まれている。２００６年にＬＤ、ＡＤＨＤが通級による指導の対象に加わり、２００７年には特別支援教育が制度としてスタートした。２０１０年12月には発達障害が障害者自立支援法の対象として明記され、２０１１年7月には発達障害が障害者基本法の対象として書き込まれた。一人ひとりの当事者・家族から見て、その支援が十分に行き渡っているかと言えばまだまだであり、多くの課題が残されているものの、振り返れば、ここ数年で発達障害に対する理解や支援は、数年前には想像もできない程、格段と進展したと言える。

もしも、発達障害関係の団体がバラバラに活動していれば、このような目覚ましい進展はなかっただろうと言われている。発達障害関係を代表する団体としてのJDDネットと、140名を超える議員が参加している「発達障害の支援を考える議員連盟」と連携した取り組みが、功を奏したと評価いただいているところである。

全国LD親の会は1990年の発足だが、当初はなかなか進展がみられない時期が続いていた。しかし、ちょうど私が親の会に関わり始めたころから、徐々に世の中が動き始め、私が会を代表するようになった頃から、動きが加速してきたのである。発達障害にとって歴史的な時代に、親の会の中心にいさせていただき、その動きをつぶさに見させていただくことができたことは幸運であったし、とてもよい経験であった。

私は親の会の活動の中で「後に続く人たちに同じ苦労をさせたくない」という思いを大切にしてきた。元々は自分の子どものために親の会に参加したのだけれど、先輩の保護者に助けてもらったり、教えてもらったりしたことが随分役に立ってきた。今度は次に続く人たちに返す番という気持ちで取り組んでいる。

また、私は文部科学省等の審議会等に出席させていただく機会もいただいたが、そのような場では、時としてかなり強硬に意見を主張したり、何度も発達障害のことを連呼するように主張したりしてきた。他の委員から呆れられるような場面もしばしばあったが、私の背中には何十万人もの発達障害をもつ子どもや保護者がいると思えば、発言に躊躇することはなかった。これらの審議会で検討した事項が実現し、大きな前進に結びついたことが多かったことは幸運であった。この間、特別支援教育に関して大きく進展し、自分の子どもに欲しかった支援が実現したものもあったが、残念なことに、自分の子どもには間に合わないものが多かった。

後に続くお父さんへのメッセージ

さて、冒頭に「発達障害をもつ子どもの場合は、父親の役割が重要だ」などと、脅かしてしまったので、重圧を感じておられるお父さんが多いかもしれない。実際には、少し肩の力を抜いて、気長に取り組むくらいの気持ちの方がよい。健常の子どもの場合でもそうだが、特に発達障害をもつ子どもの場合は、乳幼児期から成人期に至るまで、長期的な展望に立った、息の長い取り組みが求められる。一時的に全力疾走して息切れするより、子どもの成長のためには、息長く続けられるように心掛ける方がよい。

また、発達障害の場合、障害そのものが完全になくなることはないので、個々の困難に対して、他の能力でカバーする、特性に合わせた方法で身につける、ツール等を使ってこなす、表面的にできるようにする、誰かのサポートを受ける等により克服していくことが必要となる。すなわち、障害と付き合いながら上手くこなしていく術を身につけさせていくことを一つの目標にする位がよいのである。

親は、乳幼児期から成人期以降まで一貫して身近にいる最大の支援者である。しかし、親子の年齢差を考えると、親はいつまでも支援を続けることは難しい。そういう意味では、親としてできる最大の支援は、側にいて手をかけ続けることではなく、親がいなくても生きていく力、道筋をつけてあげることである。とても高い目標だが、将来確実に現実となる問題であり、このような最終的な目標を頭の片隅に置きながら取り組むようにしていただきたい。

おわりに

まず、父親としてこれからなお一層、長男に寄り添い、障害を受け止め、その苦労を分かち合い、将来長男が自立していける道筋をつけてあげられるように努力していきたいと思っている。また、当事者団体の一員として、発達障害のある当事者と家族が夢をもち、充実した社会生活が送れるようになることを、そしてそれに関わるすべての関係者の発展に繋がることを目指し、微力ながら取り組んでいきたいと考えている。

発達障害児の父親だから
できること・やるべきこと・
やっておけばよかったこと

旭中央病院脳神経外科部長
千葉県自閉症協会会長
大屋　滋

Profile

1956年広島県生まれ。1981年東京医科歯科大学医学部卒業後，地域医療のメッカである旭中央病院に就職。還暦が近づいた現在も月の半分は救急待機をしている。ちょっとだけ贅沢な肴と晩酌をこよなく愛す。

私と子どもたち

広島生まれの広島育ち、東京で大学生活を送り、卒業後は千葉県東部の田舎にある旭中央病院脳神経外科に勤務しているというのが、私の歴史である。普通のサラリーマンの父親と母親、妹の４人家族、普通に成長発達した。中高一貫校で受験勉強に勤しみ、大学では体育会にどっぷりと漬かり、それなりの成果を収めた。脳に強い興味があったので脳神経外科に進むことにした。偏差値重視、実力主義が全身に沁み込んでおり、人より優れていることばかり目指していた。才能があること、努力すること、頑張ること、他人に迷惑をかけないことに価値があり、それらがないことは劣ることだと思っていた。これといった大きな挫折もなく、順調に35歳を迎えた。そして、長男が生まれ、私の生活と価値観は一変した。

現在21歳の長男は重い知的障害があり、自閉症の特徴を数多く備えているだけでなく、多動ですぐに行方不明になる。18歳の長女は知的障害に加えて、音に極めて過敏でこだわりが強く、引きこもりがちで外出するのも一苦労である。

長男は、ごく普通に生まれてきた。里帰り出産から1ヶ月ほどして我が家にやってきたが、乳児期からとてもよく泣く赤ちゃんだった。毎日夜中に妻と交代であやしていて、毎朝とても眠かった。大勢の同年代の医師が医師住宅に暮らしていた。そのため同年に生まれた子どもがたくさんいた。おのずと他の子と比較することになるが、幼児期になっても、なかなか歩かないし、2歳になっても一向に言葉が出ないことに焦った。毎日庭でみんなが遊んでいても、明らかにうちの長男だけ仲間に入っていなかった。

20年前、旭市近辺の自閉症診断、療育は貧弱であった。明らかに普通と違う子どもであるのに、診断がつかない。東京や関東、さらには西日本まで、診断と意見を求めて数多くの専門医、専門家を行脚した。3歳になりようやく自閉症と認定され、それなりの覚悟と努力が必要なことはわかったが、療育機関自体が存在しない。有名な療育者の講演会を聞きに行き、何とか少しでもよくしようと、療育機関めぐりを始めた。療育者も療育機関も玉石混交であったが、自閉症のことは知らなくても、私が脳の解剖や機能についての専門家であり、明らかなまやかし理論はすぐに排除することができたのは一つの幸いだった。その上で、いい加減な専門家も含めて多くの人と面識を得ることができたことは視野を広げるという意味で有益だった。

旭市は東京から特急電車で2時間近くかかる田舎にある。定期的に通える療育機関は限られていた。結局、病院でも児童相談所でも漠然とした子育て相談のような内容であり、それなりに親の気持ちのはけ口とはなったが、本人にとって有益なものは皆無と言ってよかった。

本人の困ったちゃん具合はどんどんエスカレートしてくる。本人と周りの子どもとの差がどんどん明らかとなっていく。自分が思い描いていたような勉強ができる賢い子どもという理想が実現されないことが明らかとなった。その悲しみは非常に大きかった。そして親と一緒に遊んでくれないことがつらかった。少しでも興味をひくものはないかと、我が家の中はおもちゃや絵本であふれていた。

妻は子どもと一緒にいる時間がどうしても長くなる。そのストレスは精神や生命の危険を感じるほどであった。私の住居は職場の敷地内にあり、可能な限り一日に何度か帰っていた。そうしないと、家族が今日一日生きているのか心配だった。

できたこと、できなかったこと

親の言うことをきいてくれない

最も大変だったこと。親がやって欲しいことはしないし、やって欲しくないことばかりしていた。言葉も出ないし、親の言うことはほとんど伝わっていないようであった。おのずと叱る、怒ることが多くなっていた。今になって考えると、親の方が本人にわかるように伝えていなかった。本当に深く反省している。

すぐにいなくなる

散歩していても、親と一緒に歩きたがらず、すぐに離れて走って行ってしまう。幼少期からショッピングセンターなどによく連れて行った。毎回店につくとすぐに親の手を振りほどいて走っていってしまい、必ず行方不明になる。1~2時間、店内のどこかを一人で放浪しているのだが、泣くこともなく全く不安げな様子がないからか、迷子として保護されたことは一度もなかった。親が店内を巡回していると、いつか遭遇して身柄を確保する。トイレの習慣は小学校入学直前まで身についていなかったので、しばしばおもらし状態で発見された。私もいつもポケットに替えのパンツ、ズボン、おしりふき、レジ袋を用意しており、トイレに連れて行って素早く処理をした。現在でも、買い物に連れて行くと必ず一人で行ってしまうが、親の買い物が終わる頃にどこからともなく現れてくる。

うちにいる時も、玄関からいつでも出ていく。自転車に乗れるようになってからは、数時間帰ってこないこともあった。どこにいるのかわからないので、もちろん親は大変不安であったが、幸い一度も交通事故にはあっていない。ただし、知らない家の庭の水道で遊んでいて、後で親が謝りに行ったことはある。今でも落ち着きがなく座っているのが苦手なのは、幼少期からの放任の影響かもしれない。でも、本人が自分の能力に制限を感じず、行きたい時に行きたい所に行くという意思をもっていることは、決して悪いことではないと思うようになった。

パニックが起こる

いくつかの特定の場面で激しいパニックを起こす。典型的なのは、好きなテレビ番組を見ていてエンディングのテーマソングが流れ始めると興奮し始め、番組が終わると大声で数十秒から数分間絶叫し、壁や扉、ガラス戸を叩いたり、物を投げたりする。その番組の放送中に家電量販店に入って、番組終了時にパニックとともにテレビを叩いて壊してしまい、賠償したこともある。散財したことよりも、店員から、警察に通報すると脅しを受けたのが切なかった。パニックは10歳代を通じて悪化傾向だった。そもそもの原因はおそらく幼少期に親がテレビのスイッチをいきなり消したり、やめさせたりして、本人にとっての理不尽な仕打ちに対する悲しい感情が蓄積していたのではないかと推定している。新たなパニックを増やさないためにも、決まりごとやスケジュールをわかりやすく知らせるように心がけている。

一度できてしまったパニックのシステムはなかなか消えない。それでも、成人になって、叫ぶのはＯＫ、叩くのは机か床ならＯＫというルールを作ってから、少しずつ軽減している。20年かけてできたパニックなので、20年かけて減ってくれるんじゃないかなと期待している。

母親の絵カード

ＴＥＡＣＣＨプログラムには早くから興味があり、就学前から自己流で形だけ視覚化の工夫として、販売されている絵カードや写真カードを使っていたが、全く有益性がないまま数年が過ぎた。小学校高学年になり、妻が描いた絵に関心をもつようになり、その後日常生活のスケジュールに妻が描いた絵カードが大変有効に機能するようになった。お風呂に入る、食事をする、どこどこに行く。さらに、絵カードを使って自分の意思を示すようになってきた。この時初めて、本人と確実に意思を伝え合う方法があることが確信できた。理念は正しくても、ちょっとしたやり方の違いでうまくいくようになることがある。本人の精神的発達と社会経験の蓄積も加わり、親の試行錯誤がようやく実を結んだ。我が家にとって最大の出来事であった。

居住地中学校交流学習

地元の保育園から地元の小学校に通った。特殊学級（現在の特別支援学級）に在籍し、体育などは親学級に参加した。中学校から特別支援学校に入ったが、年に数回程度、地元の中学校に交流学習に出かけた。その訪問の前に、通う予定のクラスに両親で出向き、自閉症について生徒に説明をさせてもらった。実際には少しの交流であったが、小学校の時の同級生などが温かく迎えてくれた。

街中でも彼を見かけると、「大屋君だ」と言って気にかけてくれたりしていた。年齢が上がり成人になると、子どもたち同士のそのような交流はなくなったが、同級生の親や兄弟、学校の先生などは、今でも折に触れて見守ってくれている。彼が一人で街中にいると、妻の携帯に「今どこで何をしている」というような連絡をしてくれることもある。普通の子たちと一緒にいた経験は本人にとって貴重なものだった。我が家では、障害があることを積極的に社会の人に伝えていくことが一つの基本的戦略となった。

ニンテンドーDS

彼は幼少期から文字や数字に非常に興味をもっており、カルタあそびでは、かなりのスピードで札を取ることができた。また、パソコンが好きで、自分でソフトを立ち上げて遊ぶことができた。中学年代になり単語の理解がある程度できるようになった頃には、ひらがなキーボードで文字を拾って自分が好きな単語を打てるようになった。何かを書いても自分で見ているだけに留まり、周りの人に見せに行くことができない。その頃ニンテンドーＤＳが発売され、五十音文字盤を使って文字を打ち、赤外線通信で別のＤＳに飛ばして通信する遊びができるようになった。我が家の家族は全員1台ずつＤＳを購入。自分の希望（例えばコンビニに行きたい）とか、行動の報告（例えばポテトチップスを買った）とかを親や妹に伝えることができるようになった。文字入力機能よりも、通信できる機能が、周りの人の立場に立って伝達する能力に欠けている長男にとって、大変有効なバリアフリーグッズとなった。

卒業後の進路を選ぶ

高等部2年になると、卒業後の進路を決めるための準備としての現場実習が始まった。何ヶ所か実習に行ったが、残念ながら、学校は学校外の実習に関しては有効な手立てを打ち出せないままであった。これといった配慮のないままで、何もできずに1日を過ごすことになってしまった。施設によっては親が呼び出され、育て方が悪いと説教された。3年生になって早く進路希望を決めるように催促があったが、本人にとって何もできなかったという経験しかない施設の中から選択することは到底できなかった。

そこで、親が手配して、本人の能力評価や実習場面の構造化を図るためのミーティングや打ち合わせを何度も行い、前年とほぼ同様の施設で実習を行った。作業内容は変わってもしっかりとしたスケジュールの提示と、本人に適した作業の内容と量、そして、同一のワークシステムを4ヶ所の施設に次々と持ち込んだ。夏休みには、部屋を借りてボランティアとともにワークシステムでの作業の練習もした。その甲斐あって、どの施設でも楽しく、自発的に作業に取り組むことができた。よい経験をして初めて、どこの施設に行くか決めることができる。いろいろな工夫により、意味のある選択肢を用意することが、自己決定に極めて重要だと思い知らされた出来事であった。

運動会

ここまで、長男のエピソードばかりであったが、長女の話を一つ。長男は運動会が大嫌いだが、長女は体操も競技もダンスも大好きであった。しかし、ピストルの音だけはどうにも我慢ができなかった。一発音がすると、耳を押さえて1時間はうつ伏して泣いている。音が聞こえたというよりも撃たれたという様相であった。小学校1年生の時のあまりにかわいそうな状況を見た特殊学級の先生は、2年生の運動会に向けて万全の準備をしてくれた。まず、グランドから離れた教室を確保し、運動会の間ずっとその部屋で親と過ごしてよいことにした。そのうえで、2年生の競技の時のピストルを廃止しホイッスルを採用した。自分の出番の時だけその部屋からグランドに出てくればよい。ピストルの音を聞かずに済むし、少し聞こえても静かな場所で休むことができる。そのおかげで、運動会をしっかりと楽しむことができた。配慮は6年生まで続き、徐々にピストルの音に対する恐怖が少なくなっていった。この先生は、一人の生徒のためにこれだけのことをすることが絶対に必要であることを知っていたし、具体的方法を考えて、校長、他の教師、ＰＴＡのすべてにちゃんと説明と了解を得たうえで実行してくれた。私たちは、何人かの教師からいろいろ理不尽な辛い思いをさせられてきたが、この先生のおかげで教育に対する大きな信用をもつことができている。

価値観のダブルスタンダード

私は彼とともに暮らすまで、自分の育ってきた環境の中にはこのような子どもを見たことがなかった。変な子であり、できない子であり、受験能力という価値観からすると極めて劣った子どもであった。その上、特別支援学校の中でも、ただ一人指示に従えず行事を滞らせる、特段に手のかかる面倒な子どもであった。

ただ、どんなに大変であっても、私は彼が大好きであることは間違いなかった。一緒にいると嬉しいし、一緒にいたかった。一緒にいるうちに、徐々に、本人が楽しめるように、そして親も一緒に楽しめるように、それが一番と思えるようになっていった。

彼は勉強はできないし、社会で一目置かれるような地位に就くこともないだろうし、それどころか、いろいろと周りの人に迷惑をかけ続けるだろう。でも、彼自身が楽しく暮らしていくことができれば、それこそ人間としてとても有意義な人生だという新たな価値観が生まれ、そこに希望を見出し始めた。私はいつしか、それまで自分がもっていた価値観と、それとは違う価値観のダブルスタンダードを適当に使い分けるようになった。そして、我が子が自閉症であることをあるがままに認めて、本人が本人らしく暮らせるための工夫を一生懸命考え続けた。失敗の方が断然多いが、ささやかな成功を喜びながら今日までともに生活してきた。

親として活動してきたこと

年齢とともに関心のあるテーマが変遷してきた

幼少期はまず診断・療育であり、学齢期には教育、卒業後は通所施設、将来的には住む所、そして地域生活の場での権利擁護等である。活動範囲も状況に応じて変化する。最初は自宅の周囲のご近所から、学校、市町村行政、さらに、県や国に広がっていく。

千葉県自閉症協会とTEACCHプログラム研究会

私が住んでいる旭市は千葉県の中でも僻地に近い所なので長男が小学校就学まで自閉症協会の存在を知らなかった。子どもの医療に関する書籍に障害者団体リストが載っており、日本自閉症協会千葉県支部、現在の千葉県自閉症協会を見つけて入会した。最初に役員会を見学に行った時は強力な女性軍団が形成されており、大変怖かったのを覚えているが、そこで辞めなかったのは、3つの幸運があったからである。一つは役員に男性も多数いて、古屋会長も男性だったこと。だからあえておやじの会は必要がなかった。2つ目は、発足当時から知的に高い自閉症の人の親が半分近くを占めており、知的障害というよりも自閉症という切り口で物事を考えていたこと。当時からアスペルガーや高機能自閉症の人に対する仲間意識が強い。3つ目は、みんな大変よく勉強しており、合理的な支援についての考え方がしっかりしていたことである。これならやっていけると思い、積極的に参加することになった。さっそく教育研修部長なる役職を仰せつかり、代替コミュニケーションやTEACCHプログラムの連続研修会を始めた。

この連続研修会は千葉県ＴＥＡＣＣＨプログラム研究会に成長し、２年後の２００２年に、『光とともに…』（秋田書店）の作者故戸部けいこさんをお招きして設立総会を開催した。現在数百名の会員がおり千葉県の自閉症教育界の一つの砦となっている。この研究会を立ち上げるにあたり、私が強くこだわったのは誰に代表をお願いするかであった。養護学校の校長や千葉県特殊教育室長を歴任して定年退官されていた藤崎先生にしつこく食い下がり何とか引き受けていただいた。藤崎先生は、現役時代に自閉症についての知識実践が極めて不十分であったとの強い反省の念をお持ちであった。合理的な自閉症教育を勉強する場をつくるために、過去の実績を捨てて保守的な方々からの批判の矢面に立ってくださった。会を立ち上げるにあたり、退役校長会などの教育者の団体にも一緒にあいさつ回りをしていただいた。私が最も尊敬する教職者の一人である。

同じく２００２年から日本自閉症協会千葉県支部長を務めることになった。毎年、千葉県に対して、要望・提案を行っている。自閉症支援センター、強度行動障害支援事業はこの提案を受けて実現した。当時から現在まで、これらの事業に関する委員会の委員長は私が任命されている。ちょうど堂本暁子知事の時代で、健康福祉千葉県方式の旗のもと、一般県民、特に障害者団体が県行政に関与する機会が多かった。自閉症協会からも多くの役員が会議に参加し、自閉症の特性の理解と合理的な配慮、教育といった点について主張し続けた。同時に、他の障害者団体を含み幅広い人たちの意見を聴く経験をふんだんに積むことができた。いろいろな障害に対する理解と配慮の積み重ねから、障害種別を超えた地域福祉、権利擁護のあり方を学ぶ機会となった。

自閉症の人が地域で安心して暮らすための3つの柱

現時点で私は、自閉症の人が地域で少しでも豊かに安心して暮らすための柱として、①自閉症のバリアフリー（言い換えると合理的配慮）、②選べる豊富な福祉サービス、③権利擁護の3つが重要ではないかと考えている。子どもたちの成長に伴って、必要性を感じたものから、機会を逃さず取り組んでいる。

自閉症のバリアフリーについては、千葉県自閉症協会やTEACCHプログラム研究会。福祉サービスに関しては、2010年から、地元旭市にあるNPO法人あおぞらの理事長になり、小規模多機能作業所と障害者グループホームを運営している。権利擁護に関しては、2009年に人材育成、相談、法人後見を主目的とした、一般社団法人東総権利擁護ネットワークを立ち上げた。

これらの3つには極めて密接な相互作用が必要である。自閉症の人に福祉サービスを行う場合、個々の特性に合わせた配慮が必要であることは容易に理解できる。それと同じく重要なのは、権利擁護と合理的な配慮である。特に後見制度の本質は判断支援であり、後見人の独りよがりな思い込みに陥る危険を減らすために、本人の判断の選択肢を可能な限り用意し、本人の意思を可能な限り得る努力が必要になる。千葉県自閉症協会の会員の中には、私と同様に福祉サービスや権利擁護に関する活動を同時に行っている人が多数いる。自閉症への配慮は他の多くの障害者に有効なことが多く、その意味でも自閉症協会の果たす役割は大きいと思っている。障害者への合理的配慮を積極的に社会の人に伝え続け、障害者をサポートしてくれる一般人を増やしていくことが、社会の中での権利擁護の最重要な道筋だと思う。

自分の立場と得意分野を生かしてゆっくりと

専門家ではなく親である

私の職業は脳神経外科医である。脳外科というと一般の人から見て発達障害のこともよく知っているようなイメージがあるかもしれない。加えて、私は自閉症の勉強にかなりの時間とエネルギーを費やしてきたし、自宅内でも自閉症協会でも多くの自閉症児者を知っている。いつの間にか専門家きどりになり、10年位前に小児神経外来を設けていたことがある。しかし、2年間程で小児神経科の専門家になることを断念した。理由の一つは、本当の自閉症の専門医、専門家の力量、熱意に触れる機会が増えたこと。片手間で自閉症診療を行うのは失礼だと考えた。さらに大きな理由は、小児神経外来で仕事として自閉症児とその親と向き合っているのが辛くなったからである。話を長時間聞いているとどうしても親の視点が入ってしまってイライラしてしまう。性格的に向いていないのだ。

脳外科医は手術をするのが本来の仕事である。自分が好きなのは、自分の素質が向いているのは、脳外科なのだとはっきりと自覚した。

自分の職業を生かす

自閉症の専門医療からは撤退したが、単なる医師としてできることはたくさんあった。病院には自閉症を含め多くの障害のある人が受診するが、診療が困難なことがある。本人や家族も困るし、医師の側も困る。どのようにしたらうまく診療できるのかについて、個々の例で実践を積み重ねた。

例えば、自閉症児が交通事故にあって入院した時に、スケジュールや検査手順の説明などにいろいろな工夫を行った。それらの成果は脳外科医の立場で小児精神神経学会で発表したり、厚生労働省や千葉県が援助するいろいろな研究班の報告書などの形で公表している。

また、千葉県健康福祉部に「障害者人間ドック」「受診サポート手帳」の二つの事業を提案し、モデル事業として実現した。これらの事業で使われたノウハウは自閉症の人に限らず、多くの障害者、そして幼児や高齢者、さらに一般の人にも大いに役立った。加えて、患者側のみならず、病院の医師、看護師、技師、事務などの多くの人にとって、障害のバリアフリーがすべての患者さんのサービス向上につながることを実感できた。

自閉症児者を家族にもつ医師・歯科医師の会

医師や歯科医師であっても、自閉症の子どもを授かり、その子どもを育てるのは容易でない。医療に詳しいことが長所にも短所にもなる。いろいろなプロセスを経て、私と似たように自分の専門の診療科で自閉症児者の医療に配慮をしている人がいる。2002年に、東京の市川宏伸さん、熊本の岡田稔久さんと一緒に自閉症児者を家族にもつ医師・歯科医師の会（通称ＡＦＤ：Autism Family Doctors and Dentists。Doctors and dentists who have family members with autism の意）というメーリングリストを始めた。これまでのべ200名の会員が参加し、親と医師の狭間で悩みながらも本業を生かした活動を共有し、ホームページで情報を公開している。

ゆっくりでもいい

最近時間的余裕が少なくなり、また、自分自身の馬力が低下しており、自閉症協会やＡＦＤ等の活動がややスローペースになり、地域でのＮＰＯや権利擁護にもそれほど多くの時間が割けなくなっている。いろいろなことをやっていると、いったい誰のための活動なのかわからなくなることもある。それでも、子どもたちにとって直接的でも、間接的でも役に立つことを少しずつ増やしていきたい。足りないところは周りの人に遠慮なく援助してもらい、これからも焦らず、自分の強みを生かしながら、できる範囲でゆっくりでもやっていけばいい。それでいいと思えるようになったのは、うちの子どもたちのおかげである。

人生は一度しか過ごすことができないもの

親の要望より、まず子どもを思う

児童精神科医
市川宏伸

Profile
さいたま市生まれ。1979年北海道大学医学部卒業。1982年東京都立梅ヶ丘病院医員。1990年東京都東村山福祉園医務科長。1992年東京都立梅ヶ丘病院医長。2003年東京都立梅ヶ丘病院院長。2010年東京都立小児総合医療センター顧問。2010年社会福祉法人正夢の会理事長。

はじめに

40年ほど前、私は薬学部の大学院でペプチドの一次構造（アミノ酸配列）の解析を研究していた。いわゆる高度成長期で、父親は企業戦士として仕事に打ち込み、母親が家庭を守っている状況であった。その頃、世間では不登校や家庭内暴力も目立ち始めており、父親不在が叫ばれていた。「必死に働けば、バラ色の未来が待っている」という幻想がある反面、社会が定常状態に入りかかっており、漠然とした閉塞感が社会全体に首をもたげている時代でもあった。多くの学生や大学人は真面目に日本の将来を考えていたし、口角泡を飛ばす議論も行われていた。大学内でも、「この現状を打破しなければならない」という考えから、「造反有理」「現状打破」などというスローガンの立て看板が現れ、畢竟、現状打破は現状否定につながり、現状の社会構造も否定されていった。いわゆる大学闘争（大学紛争）であり、前日に出た〝総長訓示〟が、大衆団交の怒号の中で撤回されるような状況もあった。やがて大学内の論争はイデオロギーを伴なう主導権争いとなり、各セクトはゲバ棒という角材を手に徒党を組んで戦うようになった。〝大学の自治〟の名目のもと、はじめは警察力の介入は否定されていたが、日常的に怪我人が発生し、無法状態が日常化されるにつれ、機動隊が大学に入ってくるようになった。その頃は「本日の重傷者何名、捕虜何名」という、セクトの戦果を示す立て看板があったり、一寸した戦争気取りだったのか、裏では捕虜交換会まで行われていた。これらの状況がエスカレートしていった先が昭和44年1月の東大安田講堂闘争（事件）であり、結果、機動隊が全面的に大学を鎮圧した形になり、その年の入学試験は中止となった。

私は当時研究室で化学実験を行いつつ、空いている時間には国会までの請願デモに参加して過ごしていた。しかし、妙に冷静な部分もあり、「こんな状況がいつまでも続くはずはない」「こんなことを続けていくことで現状が改善するとは思えない」と感じていた。「現状打破だ」と言いながら講義室を破壊している友人を見ても、手伝う気にはなれなかったし、セクトに入って行動する気にもなれなかった。目を吊り上げ、ゲバ棒で殴りかかる人々を、力で制止しようとする人も目にしたが、力と力の争いには限界があるように感じた。顔を隠し、ヘルメットをかぶって興奮している人が「○○君、元気かい」と言われただけで、力が抜けてしまうのを目の前で見て、「自分が誰だかわかってしまう」という恐怖感に、心の部分の重要さを感じた。翻って、「実験室で化学実験を行っていることで、社会の現状にどんな貢献をしているのか?」と考えると、忸怩たるものがあり、

「もっと直接的に社会に貢献できないか」と考え始めるようになった。その延長上で、「医師として医療に携われたらよいのではないか」という気持ちが芽生えた。修了が迫っていた大学院の博士課程を中退し、医学部を改めて受験することにした。昔にかえって予備校で受験勉強をし、「生まれ育った所からなるべく離れたところがよい」と考えて札幌の大学に入学した。

その頃は将来的に夢のある分野がよいと考え、小児科医になろうと決めていた。最短で入学して来た学生に比べれば、10歳ほど年上であり、「今更、親の世話にはなれない」という気持ちがあったため、学生時代は学習塾の講師をして生計を立てていた。この頃の塾の講師としての生徒との付き合いは、のちに児童青年精神科医として、思春期の患者と付き合う時にとても役立ったと思う。医学部を卒業する頃になり、「小児科の中で何を中心的なテーマにするか?」を考えた時、何故か、「自閉症を勉強したい」と考えだしていた。「いずれ東京に戻る」と決めていたので、都内の医学部や大病院の小児科を訪れて自分の意向を伝えたが、当時は「小児科では自閉症は扱っていません。精神科に行かれたらどうでしょう」という返答であった。ここで方針を変え、精神科に入局することとして、いくつかの大学を訪ね、一番早く入局を決めてくれた東京医科歯科大学に入局し、研修医生活をスタートさせた。しかし、精神科の中でも、小児の精神科を勉強したい医師は圧倒的少数であり、「今年は、子どもに興味をもっている、変わった研修医が入局して来たらしい」「成人を勉強していれば、子どもはわかるのに」などと言われていた。「児童青年精神科だけを勉強していても、食べられない」という医局長の勧めに従って、はじめの数年間は成人の精神科を勉強することにした。このことは、後に子どもの精神科を勉強する際に、その後の様相が推測できるという利点に繋がっている。唐突に行動していたように見えたかもしれないが、後になってみると、「何をしても、無駄なことはないな」というのが実感である。

はじめの3年間は統合失調症を中心とした勉強をしたが、子どもの患者さんが来院すると、積極的に診せて貰っていた。重度の精神遅滞（知的障害）の子どもが中心であったが、今考えてみると自閉症も併存していた。世田谷にあった児童青年の精神科病院である梅ヶ丘病院に空席ができたら赴任させてもらうこととして、その間は川崎にある民間病院に勤務し、1週間に1日、研修日を貰って梅ヶ丘病院に顔を出していた。

診療を通して

この頃は就学前の入院病棟に顔を出し、患者さんと一緒に過ごさせてもらっていた。その時に出会った、小学1年の自閉症女子のことはよく覚えている。言語はなく、病棟の床にゴロゴロしていることが多かった。どうやったら親しい関係をもてるのか随分迷った。まず女子の背中に背中を向けてゴロ寝してみた。はじめは私を無視していたのだが、しばらくするとこちらを向いて、様子をうかがう気配があるが、私が振り向くと顔を背けてしまう。元に戻ると、またこちらをうかがっている様子が見られた。そのままじっとしていると、やがてにじり寄って来る気配がし、それでも、そのままにしていると、今度はチョチョッと指で私を突っついてくる。振り向くとまた顔を背けてしまい、元に戻ると再び同じようなことをする。このことから理解できたことは、「自閉症と呼ばれる人は、自分から殻に閉じこもっているのではなく、どう関わったらよいか、わからなくて困っているのではないか？」ということであった。いつもはない巨大な物体が近くに転がっており、彼女としては不思議に思ったのであろう。逆に言うと、我々が自閉症児者の考え方や行動様式をうまく理解できていないことが重要な問題であると思えた。そもそも〝自閉症〟という言葉は、歴史的には統合失調症の〝自閉〟からきている言葉であり、自閉症の本質を表しているかは疑問視されている。翌年から梅ヶ丘病院の医員となり、外来では様々な疾患の患者さんと出会うことができ、病棟では中高生の男子30名ほどと一緒に過ごしていた。昭和50年代前半は、教育界においては「登校拒否は生徒本人の問題であり、学校に責任はない」とする考え方が中心であり、不登校児は専ら医療が引き受けていた。来る日も来る日も、不登校児とのお付き合いが続いた。それでわかったのは、「学校に行きたいのに、行けなくて困っている」のが実際であり、〝登校拒否〟という言葉は本質を表していないということだった。

その後、平成2年から東京都の知的障害児施設の医務科長に転出した。ここで、改めて感じたのは、「自閉症の診断を受けていないが、知的障害児として入所施設にいる児童の70〜80%は自閉症を伴なっている」ということであった。知的障害があることは前提だが、「知的障害で入所しているのではなく、自閉症に基づく問題で入所している」という事実であった。それにも関わらず、「知的障害児施設では知的障害への対応は考えていても、自閉症への対応は積極的に考えていない」というのが現実であった。このことは対応の本質を取り違え、処遇困難児をつくっていることに繋がると考えられた。2年後に梅ヶ丘病院に戻ったが、自閉症や注意欠陥多動性障害児とされる子どもの受診者は増大を続けていた。特に知的障害を伴なわない発達障害児の増加は目を見張るものがあった。平成5年には外来初診時の15%が広汎性発達障害とされ、平成20年には40%がそのような診断を受けるようになった。内容をみると、平成10年以前は知的障害を伴なう受診者が中心であったが、それ以降は、知的障害を伴なわない者の方がはるかに増加している。知的障害のある群は3～4歳に受診ピークがあり、ない群は7歳前後に受診者ピークが見られた。男女比では、男子の方が3～4倍であった。入院者を見ると男子思春期病棟では約60％が、女子思春期病棟では約20％が広汎性発達障害の診断を受けていた。一般人口での変化はわからないが、少なくとも医療現場に知的障害を伴なわない自閉症児が姿を見せるようになったことは間違いない。

自分の経験

自閉症児との出会い

大学3年の時に結婚して、5年の時に子どもが生まれた。大人しい女児で、誕生日前はベッドの上においておけば、いつも静かに過ごしており、手のかからない子どもであった。1歳半頃に東京に戻って来てから様子がおかしくなった。視線が合わないし、働きかけても反応をしなくなった。おそらく視覚優位の世界におり、周囲の状況があまりにも変わってしまったため当惑していたのであろう。自閉症の子どもは、1～3歳の頃に転居したり、下の子どもができると急激に退行する場合があることは知られていた。いろいろと他にも検討してみると、自閉症の特徴を満たしていた。結果、自分の子どもが自閉症と診断した第1号になった。出始めていた言葉も消え、夜泣きが続き、一ヶ月間下痢が止まらない等、この転居による急激な退行は強烈な体験だったので、その後の3歳や21歳の転居の際にはこの経験をもとに対応を考えた。転居の前に何回も新居の様子を見せに行き、「ここが新しく引っ越す家である」ことを伝え、転居の当日も、引っ越しの様子を逐一見せ、運ばれる荷物の後を追って新しい家へ行った。ベッドも同じものにし、部屋の配置も似たようにした。「視覚的な情報でないと伝わらないであろう」と考えたからである。実際に、転居した日とその翌日の夜は、夜中に大泣きしたが、3日目からは何事もないように寝ていた。

学齢期のこと

就学後も低学年は現在の特別支援学級に通ったが、いわゆる〝受身型〟の自閉症であり、学校では問題を起こすことは少ないので、先生たちからは放っておかれる存在であった。しかし、当時、特別支援学級に在籍する児童は多く、言語指示だけでは動けない家の子は「お荷物」と思われていた。担任から「こんな言葉のない子は養護学校に進むべきだ」と言われたため、途中からは知的障害の特別支援学校に移った。そこで〝熱心な〟担任の先生が担任になったこともあった。夏休みに自閉症の講習会を受けてきた先生は、2学期からは「子どもの能力を伸ばすためのドリル」を用意し、クラスの子どもたちに宿題を出し始めた。「うちの子は字も書けませんし、ドリルの意味がわかりませんから無意味です」と伝えても、「なにを言うのですか？　私は自閉症の講習会を受けてきたのです」と胸を張っているので、やむを得ず、ドリルは母親が適当に書き込んで出すことにした。驚くべきことに、数ヶ月すると先生から、「最近だいぶよくなってきました」とお誉めの言葉をいただいた。「母親も自閉症だったのか？」と大笑いしたのを覚えている。少しすると、私の子どもだけ宿題が免除になった。「父親が自閉症の専門家らしい」という噂が飛んだからで、この時だけは母親から感謝された。子どもは学校では大人しいが、我慢をしていることも多いようで、思春期をむかえると次第にパニックを起こすようになった。中等部から高等部を経て卒業が近づいてきた頃から、「将来をどうするか」という問題が現実化してきた。

福祉施設設立のこと

子どもが同じ学校に通う母親たちが、「自分たちが亡き後を考え、この子たちのために福祉施設を作れないか」と考え始めた。知り合いの施設長を囲んで勉強会を行ったり施設見学をしたりし始めた。「夢のような話だから」と〝夢の会〟という名前の会合であった。施設長から、「母親だけで設立された施設はない。父親が出てこなければ実現できない」と言われて、初めて我々父親6人が集まることになった。夢で終わっては困るので〝正夢の会〟と改名し、日曜ごとに集まり、適当な施設設立地はないか検討を重ねた。施設を作るに際して、国から出る補助金は同額であり、東京23区は地価が高いため、多摩地区の土地を探した。土地を提供する地主がおり、その土地の行政が施設建設を希望していることが最低条件であった。この条件はなかなか厳しく、その後約10年にわたって土地を探すことになり、父親たちは毎週のように情報交換会や見学会を開くことになった。そして、16ヶ所目にやっと条件を満たす土地が多摩地区に見つかった。次は「近隣の施設建設に反対する住民を説得するのが条件である」と東京都の窓口から言われたが、よく文書を読むと「説明会を開き同意を得るように努力する」というのが本当のところであった。我々の予定地は片道2車線道路を隔てたところに約３００戸の分譲マンションがあった。十数回説明会を開催したが、反対の住民が目の色を変えて説明会に乗り込んできて、大声で怒鳴る状況であった。「障害者なんか見たらうちの子どもが障害者になってしまう」「施設ができると、我々の購入したマンションの値段が下がるので弁償してくれ」「この予定地には天然記念物が棲んでいる可能性がある」など様々な意見が出たが、どう考えても納得できないものばかりであった。頼みの行政は「反対派といえど、私たちの住民ですから」などと逃げ腰であった。反対派の中核になっていた人々は、市長へ抗議に乗り込み、市長が譲らないと東京都へ、東京都が譲らないと厚労省へ乗りむほどだった。その度に私たちは行政から呼び出しを受けたが、「絶対に作る」という姿勢だけは譲らなかった。

マスメディアも登場したが、私たちを支持する、反対派を支持する、一切関心を示さない新聞社など様々であった。このような経緯をたどり、はじめの活動から約10年して漸く法人が設立され、入所施設が同時に開所された。私の長年の考えもあり、東京都では初めての全室個室のユニット型構造にしてもらった。6〜7人ごとのユニットとして中心にリビングルームを置き、これを個室が囲む構造にした。「知的障害者施設入所者の70〜80%は自閉症であり、彼らは一人になりたい時も、皆と一緒にいたい時もあるはずだ」と考えたからであった。母親たちの要望もあり、6つの各ユニットに浴室をつけ、毎日入浴できるようにした。この頃には6人の発起人は12人に増えていた。ありがたいことに、一人も脱落者が出なかったことが法人・施設実現につながったと思われた。

法人が設立されて、約14年が経過し、初めは30人位だった職員も10倍ほどに増え、今では生活介護、グループホーム、児童デイ、就労支援など全部で31事業を行っている。開設時には反対運動を起こしていたマンションからもボランティアに来てくれる人が出てきた。障害というと、「怖ろしくて、あってはならないもの」と考える人は今もいるが、自分から障害者になろうとする人はいない。誰でもその立場に立つかもしれないのに、「よくわからないものは、自分と違うもの」として排除しようとするのは人間の性だと思う。

おわりに

　約10年前に知的障害者施設ができて以来、私の子どもは入所施設にいる。施設を作った際の命題は、「保護者が元気なうちはなるべく自宅で過ごす」ということであった。したがって、現在も週末は自宅で過ごし、平日は施設の中で生活している。私は法人の理事長もしており、「外泊すると補助金は出さない」という、厚労省の方針と施設の経営の間に悩んでいる。施設ではいわゆる強度行動障害の範疇の利用者もおり、毎日のように対応しなければならない出来事も起きている。自分の子どものこともあるが、各事業所の利用者のことを考える日々である。私の子どもは知的障害の重い自閉症者であるが、いわゆる受身型の自閉症であり、こだわりや自傷行為はあるが、周囲との大きな問題は起こさない。女子でもあるので、母親が中心になって対応しており、私は困った際にのみ乗り出すことを前提にしている。人生は一度しか過ごすことができないものであり、「こうするべきである」「どうするべきだった」「やっておけばよかった」などと考えても、それはあまり意味のないものに思われる。

　外来で患者さんを診る際は、多くは子どもを連れて母親が訪れる。私がしていることは診断、治療、情報提供などが中心であるが、かなり時間を割くのは「母親の悩み」を聞くことにある。そんな中で「これは父親が担当するべきだ」と思うことも珍しくはない。第一義的に対応しているのは母親であっても、父親がバックアップするシステムが機能していることが必要である。統計を取れば、自閉症は男性の方が多いわけだから、遺伝的背景も父親の方に存在している可能性は大であるのに「仕事が忙しい」「母親の育て方が悪い」という台詞を発するが、母親から「子どもは夫にそっくりです」という台詞もよく聞く。協力体制がうまく組めていないことで困るのは当事者だということを常に頭に入れておくべきだと思う。自分のことに却って考えてみると、「こうするんだ」という方針は決めていなかったが、「親の要望を前面に出さないようにする」「子どもにとって無理にならないようにする」という思いはあったように思う。

息子を中心として多くの人々のサポートによる地域生活を実現できたら

上智大学教授
大塚　晃

Profile
群馬県高崎市生まれ。大学卒業後，重度の知的障害者のための施設に勤務。2008年から現職。障害児者の地域生活支援システムを研究している。厚生労働省「重症心身障害児者の地域生活モデル事業検討委員会」委員長。

はじめに

障害者の福祉政策が大きく変化している。障害者自立支援法は、ノーマライゼーションの理念に基づき、障害のある人が普通に暮らせる地域づくりを目指し、平成18年4月1日に施行された。平成22年12月には障害者自立支援法の見直し法案が成立し、相談支援や障害児支援が平成24年4月から大きく変わった。更に、「障害者自立支援法」に代わる、「障害者総合支援法」が平成24年6月に成立し、平成25年4月1日から施行された。このように障害に対する考え方や法律や制度が大きく変わる中で、障害のある息子とどのような生活を送ってきたのか、もう一度振り返りたいと思った。

障害のある息子の誕生

私は、1953年群馬県高崎市に生まれた。大学卒業後、どのような道に進むべきかについて確信がもてずにいた。何分にも大学では哲学を学んでいたために、学んだことを活かせる道はないのではないかと直感していた。大学4年の秋ごろ、実家の近くに大きな福祉施設群があることを思い出した。ドイツへの留学も考えていたので、ドイツにおいては徴兵に代わり福祉施設での労働に従事するということを聞いていたためか、施設福祉とはどのような世界なのかという関心があった。大学を卒業して重度の知的障害者のための施設で仕事を始めた時が、知的障害のある方々との初めての出会いだった。知的障害については知識としては理解していたが、実際に支援をするのは初めてで、無我夢中であったことを記憶している。仕事を始めた最初の頃は、人間の多様性についてばかり考えていた。心理や教育、ましてや社会福祉を専門的に勉強したことのない者が行う支援だから、ずいぶん障害のある方々には迷惑をかけたと思う。また、専門性のない分、日々の仕事の中で関わることを通して、障害のある方々から学ぶことが多く、食事・排せつ・入浴・移動など介護を中心とする身体的労働が新鮮なものであった。様々な支援の中でも、自傷・異食・他害などの行動障害に関しては特に関心があり、なぜそのような行動を呈するのか、あるいはどのような支援があればそれらが軽減されるかを考えていた。

昭和62年、同じ施設現場で働いていた妻との間に長男が生まれた。私と同じ3月27日に生まれたことは大きな喜びだった。しかし、それも1日だけで、2日目になると筋力が弱いことや乳の飲みが悪いなどの理由で30㎞程度離れた県立小児医療センターに救急車で運ばれた。産院に残った妻と私は、激しく落胆した。妻も私も障害についてはある程度の知識があったので、予後のこと、更には将来のことについて、心配や不安の中で様々なことを話し合った。

大学卒業後どこまでこの仕事に真剣に取り組んできたのかを問われれば自信はないが、障害のある我が子が生まれたことを契機に、障害や障害者のことが他人事ではなくなった。身近な自分の問題として引き受けざるを得ないという状況になった。最初は自分のものになっていなかったこの仕事が、その後はこの仕事をするうちに見えない手によって導かれているのではないかという意識がし始めた。

一方で障害のある子どもの将来を考えると、今働いている施設の現場が障害者にとってふさわしいものであるのか、更には今の医療や福祉や教育などの制度が障害者にとってふさわしいものであるかという疑問が大きくなってきた。そもそも自分が働いているような障害者の施設が必要であるのか。障害者にとって真に必要なものであるのか。このような施設で一生を終える障害者の人生とは何であるのか等々だ。障害のある人々に障害のない人々と異なる生活様式を、障害があるという理由で一生強いることに正義はあるのか。彼らにそのような異なる生活様式を強いるのは、結局、障害があるということで価値がない存在として彼らを認識しているからではないか。このような多くの疑問が生じる中で「ノーマライゼーション」という言葉に出会った。それは「障害者にも多くの人が行っている普通の生活様式を提供する」というごくあたりまえの考え方だ。障害があるという理由で、障害者に特別な環境における生活を強いることへの反省だ。また、障害や障害者への見方の変革であり、同じ生活様式を保障するという人権の課題であり、そのような社会を実現していくための変革運動を行っていくことを意味している。

福祉現場で働いて15年が経過した1992年に、大手建設会社の援助により欧米の福祉現場を何ヶ月間にわたって学ぶ機会をいただいた。カナダ、アメリカ、スウェーデン、デンマーク、ドイツで、「ノーマライゼーション」の状況をこの目で見て、多くの示唆を与えられた。スウェーデンでは、知的障害者の施設がすでになくなっており、それを動かしたのが「ノーマライゼーション」理念にあったことを学んだ。この「ノーマライゼーション」理念を主導したニィリエ氏自身からウプサラの大学で学ぶことができたのは大きな収穫だった。ニィリエ氏に、「私は550名という大規模な施設で働いていますが、この施設でノーマライゼーションをいかにすれば実現することができますか?」と質問した時、彼から「施設は障害者を駄目にし、家族を駄目にし、行政官を駄目にし、そして人間を駄目にする」と返答された時は狼狽した。私は日本に帰ってモチベーションをもって施設で働く自信を失っていた。海外のノーマライゼーションの状況をこの目で見た私は、息子の将来のこともあり、ますます施設で働くことに違和感を覚えていた。

息子は、地元の小学校の通常の学級に入り、2年生からは特殊学級(現在の特別支援学級)に移った。そこで感じたことは障害のある子どもへの教育は、通常の学級、特別支援学級や特別支援学校などの教育システムより、担当していただいた教員に左右されるということだ。更に、息子は県立の養護学校(現在の特別支援学校)中等部に入学しました。特別支援学校は、地元から切り離された普通とは異なる環境だったが、本人のニーズにあった支援が受けられる環境であると思う。また、様々な経験の中で、息子は大人になる準備が十分できたのではないかと思っている。

そんな中、私は厚生労働省で働く機会を得た。最初に働いたのは児童福祉分野だった。児童福祉分野では児童養護施設、児童自立支援施設、情緒障害児短期治療施設や里親関係の仕事に就き、児童虐待や非行や触法も含めて幅広い分野を体験させていただいた。この分野は発達障害とも関連の深い分野であり、今でも関心をもち続けているところだ。当時は養護施設が児童養護施設へと名称のみならずその機能も含めて基礎から見直しが行われていた時期であり、法律改正、予算獲得と執行、政策や施策の実施、福祉団体との交渉など様々なことを学ばせていただいた。平成12年度からは障害福祉分野に異動となり、自分のホームポジションに戻れたという気持ちと、専門性を活かせる仕事ができる立場となり、さあやるぞという強い気持ちがわいてきた。

支援費制度がはじまる

平成12年に社会福祉事業法等の一部改正が行われ、社会福祉法が生まれ身体障害者福祉法や知的障害者福祉法も改正された。これにより平成15年度より障害者やその家族が施設や事業所を選択し、契約してサービスを利用する支援費制度が開始された。支援費制度は、グループホームやホームヘルプなど在宅のサービスを使いながら、障害者が地域生活を行うことを推進するものだった。この意味で支援費制度は、ノーマライゼーションを実現する本格的な制度であったと言えるだろう。しかし、支援費制度はホームヘルプサービスなどを中心に財源の不足が明らかになった他、サービスをコントロールする仕組みがないという制度的な課題が浮き彫りになってきた。それでも、当時のホームヘルプサービスを使って地域で生活するという契機となったことは大いに評価されるべきものだ。支援費制度により潜在化されていたサービスに対するニーズが顕在化した、いや爆発したといってよいかもしれない。特に、障害児や知的障害者に対するホームヘルプサービスは、休日や夏休みや放課後に図書館や遊園地、プールなどに付き添う援助を可能とするものだった。市町村がその必要を認めればサービスを利用できるという点で、その使い勝手のよさとともに障害者の地域生活を可能にするサービスとして注目され始めていたものだ。初めて障害児者やその家族が、このようなサービスを使って地域生活が可能になることを具体的にイメージできるものだった。

支援費制度は、息子にとっても、初めてホームヘルプサービスという公的サービスを使うことができるようになった画期的な制度だった。15歳になり養護学校中等部に入学した息子は、月曜から金曜まで入浴サービスとしてホームヘルプサービスを利用していた。また、同じサービス提供事業者の移動支援サービスにより、休日や夏休みの期間にはヘルパーさんと遊園地や喫茶店に行ったり、電車を見に行ったりした。ホームヘルプサービスはヘルパーさんとの相性が重要であり、息子は男性ヘルパーと気があったのか、安心してサービスを利用できるようになった。多くの障害者や家族にとってホームヘルプサービスは、障害児者個人にサービスが提供されるという意味で理想的な制度であり、これからの地域生活を大いに期待させるものだった。

障害者自立支援法の成立

平成15年から支援費制度がスタートしてすぐにその課題が明らかとなり、平成17年10月にはその課題への対応として厚生労働省より「今後の障害保健福祉施策について（改革のグランドデザイン案）」が公表された。それは、戦後長く続いてきた障害者福祉の在り方を根本的に変えるような革新的なもので、平成18年度から障害者自立支援法として施行された。障害者自立支援法は、ノーマライゼーションの理念に基づき、障害のある人が普通に暮らせる地域づくりを目指したものだ。これまで障害種別ごとに提供されてきた施設体系を共通の事業に再編し、障害種別を超えてそれぞれの障害特性等をふまえたサービス提供ができるようになった。従来、どのような状態の人にどのようなサービスをどのくらい提供すればよいかということが市町村によりまちまちになっており、地域差が生まれる原因となっていた。サービスを提供するためのルール化等を進め、より公平で透明なプロセスによって提供できるようにするために、支援の必要度に関する客観的尺度である障害程度区分を導入した。

高等部を卒業した息子は、入所施設が運営する授産施設に2年間通った。施設は新体系への移行前の形態であり、地元においては養護学校高等部の卒業後の進路として授産施設を選択することは普通のことだった。この施設に通うためには、車による送り迎えに往復2時間以上かかり、妻の負担は相当なものだった。その後、家の近くに社会福祉法人が立ち上げた生活介護の事業所に通うことになり、妻の負担は軽減した。毎日、家の前まで送迎の車が来るのも大きな魅力だった。今まで通り毎日ホームヘルプサービスによる入浴介護のサービスを受け、長期休暇や土日祭日には移動支援も使うなど、息子にとって公的なサービスを使うことは、より当たり前のものになった。障害者自立支援法は、利用者の自己負担、施設・事業所への報酬、障害程度区分などに課題が指摘されていた。利用者の自己負担については様々な対応がなされ、平成22年度からは年金とわずかな工賃収入だけの息子の自己負担は0円となった。ただ、どんな種類のサービスをどれだけ使っても負担が皆無ということは家族としてはうれしい限りだが、これで制度が持続的なものになるのだろうかと心配になる思いだった。

障害者自立支援法は、天下の悪法であるかのように言われるが、息子の場合は障害者が地域で自立的に生活することをリアリティをもって可能にするものだった。入所施設を地域に開かれたものとして地域生活支援のための社会資源とすると同時に、施設入所者も日中活動を選べるようになり、地域移行も可能になった。施設から地域への移行に本格的に取り組む法律でもあり、息子にとっては家庭から地域への移行（自立といったらよいのだろうか）を推進するものだった。また、障害程度区分（今後は障害支援区分となるようだが）についても、障害の重い息子の障害程度区分は、事業所が適切に支援するための報酬上の評価にもなった。障害者が地域で自立して生活するためには一般企業等に就労することも重要なことだ。施設・事業の体系を見直し、障害者のニーズや適性に合わせて、働く意欲と能力を育み雇用などへつなげていくために、障害者自立支援法には就労移行支援のための事業が規定され、障害者が働くことに力を入れていけるものだった。息子にとっては、一般就労は遠いものだが、毎月の工賃は息子の労働の意欲の基になっているとも考えられる。

従来の施設サービスが、自己完結的に提供される仕組みであったものに対し、障害者自立支援法は、障害者が望む地域での生活を実現するために必要な療養介護、生活介護、生活訓練、就労移行支援、就労継続支援、グループホームやケアホーム、居宅介護などのサービスを、利用者のニーズに基づいて組み合わせて利用していくものに変わっていったと考えている。従来は、施設などに入所することがまずは目的とされ、障害者は施設などに入所した後にそれぞれのニーズに応じてサービスが提供されていた。しかし、障害者自立支援法においてはあらかじめ各事業が提供するサービスの内容や対象とする利用者像、たとえば、自立訓練（生活訓練）事業であれば、「地域生活を営む上で、生活能力の維持・向上のため、一定期間の訓練が必要な知的・精神障害者」を対象とし、障害者は、社会生活技能の訓練を利用しながら地域生活を目指すことになった。障害者は各事業をニーズに応じて主体的に選択して利用することになる。施設や事業所を利用すること自体が目的ではなく、障害者はどのような事業を利用して豊かな地域生活を送るかということに主眼がおかれることになったのではないだろうか。施設から事業にかわって、それぞれの事業者も利用者のニーズに基づいたサービスを提供することに主眼をおくようになったのではないだろうか。障害者自立支援法は、様々に悪く言われるが、息子の地域生活を可能にしてくれた法律であると言える。

息子の自立について

息子は、平成23年の4月から家から車で10分程度のNPO法人が運営しているケアホームで生活し始めた。土曜日だけ家に帰り家族と過ごす。昼間はそこから社会福祉法人が運営する生活介護事業所に通い、土日には、今までどおり高齢者の介護事業所による移動支援も利用している。ホームは男女2名ずつ、息子と同じ年代の若者たちとの生活がはじまった。24歳での自立だった。理念や制度における自立については長く考えてきたが、自分の息子の自立について深くは考えてこなかった。あえて考えようとしてこなかったのかもしれない。大学を卒業しても家にいる子どもが一般的な時代において、障害のある息子が家にいて家族と生活することは、息子自身や家族にとってもよいと思っていた。

毎週末には帰宅して1泊するが、本人が当惑したのは生活のリズムが掴めなかった4月の上旬だけだった。その後は、毎日曜日の夕方にケアホームに送りに行くが、息子は嫌がることはない。

時々送りにいった際に私は息子に家に戻ろうと誘うが、本人はスキップしてケアホームに行ってしまう。あたかも自分の生活の場所はケアホームだと言いたいかのようだ。

そんな中でいくつかのことに気づかされた。同じ年代の気持ちの通じ合える人たちと地域で暮らすことは、重度の障害者にとっても普通のことだ。重度の知的障害をもつ息子の心の中にあった自立の心に驚いている。自立ということに最近では批判的見解が多いようだが、改めて障害のある息子を通して自立の意味を問い返している。その中で、当たり前のことだが、障害者も人の中で生きていくという意味では、家族だけの関係でなく多様な人との関係形成が自立を後押しするものであること、その後押しを阻むものが往々にして親である場合（私の場合だが）があることを実感している。

今後の障害者政策について

平成24年6月に障害者自立支援法の改正法案である障害者総合支援法が成立し、平成25年4月から施行された。障害者総合支援法は、「障害者自立支援法」を「障害者の日常生活及び社会生活を総合的に支援するための法律」に名称を改め、「自立」の代わりに新たに、「基本的人権を享有する個人としての尊厳」を明記している。また、障害福祉サービスに関わる給付に加え、地域生活支援事業による支援を明記しそれらの支援を総合的に行うこととされている。「自立」という言葉が多義的で曖昧であることは認識している。今まで障害者の「自立」にのみ目が向き、「自律」が正当に評価されてこなかった事実においては自立への疑問が呈されるのも納得できるものだ。これと関係して障害者総合支援法では、今後の課題をいくつかの検討規定として、障害者の意思決定支援のあり方、障害福祉サービスの利用の観点からの成年後見制度の利用促進のあり方を挙げている。

また、障害者に対する虐待の防止のための法律「障害者虐待の防止、障害者の養護者に対する支援等に関する法律」（障害者虐待防止法）が平成24年10月から施行されている。親による障害児者の虐待について聞くたびに「なぜ我が子に対して」という疑問がわく。虐待は障害者の尊厳を害するものであり、障害者に対する虐待を防止することは極めて重要だ。虐待は家族や施設職員などとの関係が深いところ（親密圏）から生まれることを意味している。息子との生活を通して、家族とはそのようなリスクを常に含む関係性であると考えてきた。この意味で、親は障害のある子どもの最大の権利擁護者であると同時に、最大の権利侵害者になるリスクを孕《はら》んでいると思っている。

今後は、虐待防止を始めとする権利侵害に対する権利擁護のみならず、意思決定の支援を適切に行うという権利擁護も重要な課題となるだろう。障害者総合支援法が掲げる基本理念である「どこで誰と生活するかについての選択の機会が確保」されるためには、従来の家族などによる一方的な父権的支配でなく、障害者自身が自分で意思決定を行うことを支援することに期待する。市町村や事業者は、知的障害者の意思決定の支援に配慮するとともに、常にその立場に立って支援を行うように努めなければならないこととされている。知的障害者や発達障害者が、従来、自分自身では何も決められず、自立（自律）した生活が困難であると長い間考えられ、多くの知的障害者の人権が侵されてきたことを考えれば、知的障害者の「自己決定支援」がクローズアップされたことはとても好ましいことだ。その際、意思決定の支援を必要としている知的障害者や発達障害者のために、施設職員や家族がその支援を行うことには大きなリスクがあることを実感している。意思決定の支援が必要な知的障害者等の日常生活レベルの自己決定を支援するのは、その人をよく知る人たちが担うのが望ましいのだろうが、その関係はあまりにも親密圏であるが故に重大な権利侵害が起こる可能性がある。本人の最善の利益の観点から第三者の関与による意思決定の支援の仕組みが是非とも必要であると考えている。だからこそ、多くの人に息子に関わってほしいと考えてきたし、第三者が息子の意思決定の支援をする仕組みが是非とも必要であると考えている。

おわりに

障害のある我が子を通して、様々なことを体験させていただいた。息子が生まれた二十数年前と比較しても障害者の地域生活はサービス面において確実にその充実が図られてきたと感じている。今、気になって残っている課題は、私たち親がいなくても息子の権利が継続的に守られるような仕組みの構築だ。成年後見制度もその一つかもしれない。障害者に対する福祉サービスなどの充実とともに、最終的には息子を中心とし、多くの人々のサポートによる地域生活の実現だ。そのようなシステムが整えば、親も安心して死ねるかなあ。

息子もここまで大きくなったが、父親としては本当にどこまで関われたのだろうか。いつもの反省とともに、このような人生に導いてくれた息子の存在に大いに感謝する。

自らの健康を確保し、末永く家族の生活の基盤を支え続けることが大切

Ｒｕｎ４ｕ《ランフォーユー》代表
南雲岳彦

Profile
1966年生まれ。中学高校時代は，ブラジルのサンパウロで育つ。日本の大学卒業後，アメリカとイギリスの大学院で学ぶ。現在は，大手金融機関の企画マン。サラリーマンの傍ら，Run 4 u を設立し，その代表を務める。2児の父。

はじめに

家庭における発達障害児の子育ては、好むと好まざるに拘らず、どうしても母親中心になってしまうのが実態だろう。普通のサラリーマンである我が家でも正直なところ、それは変わらない。もちろん、それでよいということではないのだが、日中、家にいない父親にとってそれはどうしても否定しがたい現実だろう。ただし、そのような環境下でも、父親にはできることがあり、否、むしろ父親のほうが向いていることが少なからずある。本稿では、現在17歳の自閉症の男の子の父親としての私の経験を振り返りつつ、２０１１年８月に立ち上げたＲｕｎ４ｕ《ランフォーユー》という発達障害児の父親

を主体とする集まりの目的や活動内容についてご紹介させていただきたい。

Ｒｕｎ４ｕとは

まず、Ｒｕｎ４ｕについて簡単にご紹介しよう。Ｒｕｎ４ｕは、障害者も健常者も区別なく、みんなが生き生きと豊かに暮らせる「インクルージョン社会」の実現を目指して「走る」人たちの集まりだ。自閉症、発達障害児・者をはじめとした、障害のある方の親が中心となり、「お揃いのメッセージ入りＴシャツで全国のマラソン大会に登場し、走る」というシンプルかつユニークな方法で、このメッセージを伝えようとしている。

Ｒｕｎ４ｕの活動目的は４つある。

①走って健康を維持・向上しよう！
②発達障害に関する理解と支援を求めるメッセージつきのＴシャツを着て走り、社会にメッセージを発信しよう！
③障害のあるなしに拘わらず、誰もが生き生きと輝き、豊かに暮らせる社会、つまりインクルージョン社会の実現をめざそう！
④頑張りすぎず、マイペースで楽しく走ろう！

Ｒｕｎ４ｕの活動は２０１１年8月に始まったばかりだが、この考えに賛同し一緒に走る仲間が現在５００名以上いる。Ｒｕｎ４ｕの活動目的にご賛同いただける方なら走らない方もサポーターとしてメンバーになれることもあり、Ｒｕｎ４ｕのネットワークは、人が人を連れてくることで自然と広がり続けている。その結果、現在のＲｕｎ４ｕは、障害のある子どもをもつお父さん・お母さんのみならず、趣旨に賛同したランニング愛好者や学生まで、様々なバックグラウンドをもつ人々が交流するプラットフォームとなっている。

Ｒｕｎ４ｕのトレードマークは、メッセージつきの黄色いＴシャツだ。このＴシャツには、カナリア・イエローの速乾性生地に「Ｒｕｎ４ｕ」という文字とその上にはグループのロゴを、裏側には、上部に「ＩＮＣＬＵＳＩＯＮ」、その下には「みんなちがっていいんじゃない？」の文字を刻んでいる。これは、発達障害をもつ人たちから、支援者や一般の健常者もたくさん学ぶことはある。Ｒｕｎ４ｕは、みんなで「ちがい」を認め合い、そしてみんなで一緒に学び歩んでいこうというメッセージが込められている。

マラソンは10月～4月がシーズンだ。この時期には毎週末メンバーの誰かが日本全国のどこかの大会でこの黄色いＴシャツを着て走っている。オフシーズンの期間は地域の練習会で走る方もいれば、トレッキング、トライアスロン、サーフィンなど、Ｒｕｎ４ｕの黄色いＴシャツを着て様々な活動をしている人もいる。中には、Ｒｕｎ４ｕのＴシャツを着て、体育の授業をされている先生、講演をされる文化人の方もいらっしゃる。Ｆａｃｅｂｏｏｋ上には、メンバーの交流サイトがあり、毎日のように楽しそうなＲｕｎ４ｕのイベント参加の写真がアップされている。

グループのロゴは、４色の踊る人のシルエットから構成されている。これは、太陽のように輝き踊り、躍動する4体は『みんなの祭り』を象徴したので、障害のあるなしに関わらず、誰もが生きる喜びを共有できるコミュニティを表している。その色（マリンブルー、オレンジ、ライトブルー、グリーン）は４つのステークホルダー（当事者・親〈家族〉・支援者・社会）を意味し、そよ風を感じ波のように走るブルーラインは限りない躍進を表現している。

Ｒｕｎ４ｕ立ち上げに至る3つの出来事

私がＲｕｎ４ｕを立ち上げるに至るには、実はいくつかの忘れられない出来事があった。

その一つは、私が41歳の時に過労で入院したことだ（現在50歳）。私は、大手金融機関で経営企画や経営管理と呼ばれる仕事を担っていた。この仕事は、経営の直下で重責を担う本部中の本部とも言える仕事で、その一方で、勤務時間も長くストレスも少なくない。私は、この仕事に愛着とプライドをもち、また誰よりも質の高い仕事をしたいとの思いから、当時残業や休日出勤も厭わず仕事に打ち込んでいた。寝袋を持ち込んで泊まり込むこともあり、むしろ自ら進んでそうしていたとも言えると思う。また、そうすることで企業内での競争に打ち勝ち、障害児を抱えた家族を守り抜くことが何より大切だと信じ切っていた。恥ずかしいことに当時は家庭のことはほとんど何もできていなかったと思う。自分の体を鍛えることもいたわることもほとんど無視していた。この年齢になると、一人前のプレーヤーとして任される仕事の質と量がともに高まり、後輩の指導も任される等マネージャーとしての役割も急速に増していく。当時、自分の体力を無視してひたすら我武者羅に突っ走っていた私は、自分では気づかない間に自分の限界を越えてしまっていた。ある日のこと、通勤電車から駅に降りると突然気を失い、意識の戻らぬまま救急車で病院に運ばれるという事態が発生した。２週間の入院後もめまいがとれず、更に２週間程度は自宅療養を余儀なくされた。

幸運なことに大事には至らなかったが、家族に大変な心配をかけたことは言うまでもない。私をハッとさせたのは、かつてのＮＹ勤務時代の同僚からのメールだった。「そんなに働けと誰が言ったの？　そこまでして働いても倒れてしまえば、家族は誰も喜ばないだろう。あなたは馬鹿者だ！」と家族の声を代弁するかのごとく記されていた。私は、障害児を抱えた家族のためには働き抜いて企業内競争に勝ち抜くことこそが最善であると信じ切っていたので、これには本当にハッとさせられた。父親にとって仕事は人生のほとんどをかける大切なものであり、家族の生活を支えるためにはそれから逃れることはできない。しかし、自分の健康を含め、バランスを欠いてしまえば、元も子もない。仕事が目的ではないのだ。後先を考えず我武者羅に戦うのではなく、自らの健康を確保し、末永く家族の生活の基盤を支え続けることのほうが大切だったのではないか？　企業戦士のごとくの毎日を送っていた私にはそんなことすら見えていなかったのだ。サラリーマンとして成長期を全力疾走で駆け抜けていた私には、これはとても大切な学びだった。Ｒｕｎ４ｕが、走ることを通じ発達障害児の父親の健康増進を焦点にしたことはここでの学びが原点なのだ。

二つ目の出来事は、その後転勤したサンフランシスコでの経験だ。そこで私は、E-SOCCER（http://soccer.e-sports.org/）という健常児も障害児も一緒にサッカーを通じて成長することをめざす、いわゆるインクルージョン志向のサッカープログラムに出会った。自閉症の息子に運動する機会を与えるために、毎週土曜日はこのプログラムへと息子を連れて行く中で、このプログラムの素晴らしさに心から魅了された。このプログラムは、すべてボランティアベースの活動で、発達障害児の両親が中心となり、サッカーの元プロ選手、学校の先生、発達障害の専門医、教会の牧師、そして地元の中高生や大学生のボランティアにより運営されている活動だった。障害児の母親は、そこに行けば、障害児をサッカーのコーチに預け、短い時間ながらも障害児の世話から解放され他の親とリラックスした雰囲気の中で交流したりすることができる。健常児は、障害児の手をとり一緒にサッカーボールを追いかけたりすることで、草の根的な活動を通じてリーダーシップを体得することができる。そして障害児は、普段は閉ざされがちな社会との接点を得、かつ青空の下、普段はなかなか与えられない運動の機会を得ることができる。いわゆるトリプルウィンの仕組みなのだ。そこには、今、住んでいる地域を一緒に守り育てていくという地域社会との共生の姿勢がごく自然なかたちで存在していた。人種や宗教を越え、障害児をもつ家庭ともたない家庭の両方が、そして多くの学生ボランティアが、地域社会における共生にコミットしている姿に私は心から感動し、魅了された。私もこのチームのコーチとなり、自分の息子は他のコーチに預け、他の家庭の障害児の面倒をみるという経験をした。他人の子供が成長することが我がことのように嬉しいという感覚を初めて知った。大きな学びは、父親には仕事と家庭に加え、地域社会を担う役割があるという点だった。これが、Ｒｕｎ４ｕがインクルージョン社会の実現をめざすという基本理念を掲げるに至った理由なのだ。

さらに、あと一つ重要な出来事がある。それは、同じくサンフランシスコ駐在時代に、サンフランシスコとロサンゼルスを含むアメリカ西海岸6ヶ所と東京の町田市で、そしてその約1年後にはニューヨークで、日本の自閉症をテーマにした映画『ぼくはうみをみたくなりました』の自主上映会を企画・実施したことだ。この映画は、山下久仁明さん原作の小説をベースにした映画で、自閉症の青年と少し人生に行き詰まり気味の看護学生が、偶然から海へ向かう旅に出てしまい、そこで様々な人々と巡り合うハートウォーミング人間ドラマだ。日本の自閉症関係者の間では有名かもしれない。インターネットでこの映画のことを知り、この映画をアメリカ西海岸の日系社会で上映したいと考えた。それは、現地の日系社会にも自閉症児を抱えた家族がたくさんあり、その日系社会の基盤の上に事業を展開している日系企業の関係者にも同じように自閉症児を抱えた家族が少なくないという状況の中で、この映画を上映すればそれは地域社会への貢献になると思ったからだ。

当時、まだ山下さんとは面識はなく、アメリカ西海岸の地元の自閉症関連NPOや日系NPOとのつながりもなかった。しかし、社会人として培ってきた企画のノウハウやネットワークをフルに活用したことと、仕事と家庭の時間以外の限られた時間を最大限に活かすためにメールはもちろんのこと、Ｆａｃｅｂｏｏｋ、ｍｉｘｉ、Ｔｗｉｔｔｅｒ、Ｓｋｙｐｅといったインターネットツールを有効活用して、山下さんや複数の組織・団体を含む関係者との調整、資金調達、字幕の作成、映画の告知等を実施したことで、この映画の上映を成功させることができた。

あの時、どうしても一部資金が足りず、当時の上司に企業として支援をして欲しいと願い出た。一瞬じろっと睨まれたかと思うと、「なに、そんなんじゃダメだ！　お前の申し出金額の3倍を出すから、メディアも総動員して本気で社会を変えろ！」との叱咤激励を受けた。その後、勢いに乗って東京本社からも全面的なバックアップを得た。NY上映会の時には私の勤め先のみならず、日本を代表する企業数社の協賛を得、その上、なんとニューヨーク証券取引所の代表の方も応援に駆けつけてくれた。あのとき背中をポンと押してくださった上司の一言は、一生忘れられない。本当に感謝している。私も社会の中でそんなリーダーシップを発揮できる人になりたいと願っている。

マンハッタンを背景に
友人（右）と山下さん（中央）と私（左）

なぜ、「走る」なのか

なぜ、「走る」なのか。

では、ここでもう一度Run4uに話を戻そう。私が「走る」ことに着目した当初の理由は、発達障害児の両親、とりわけ一家の大黒柱である父親は、生活習慣病等になることなく、末永く健康を維持することが一家の幸せのために大切であるという点だった。そして、仕事中心のお父さんにも社会や地域のために貢献できることがあるはずだ、という思いもあった。親の健康が障害児をもつ家庭の土台としてとても大切である、だから場所や時間の自由度が高いという意味で最も手軽な運動方法であるランニングを通じて、健康を維持・増進しよう。そしてどうせ走るなら、みんなで発達障害に対する社会の理解と支援を求めるメッセージつきのTシャツを着て走れば、一石二鳥だ、というのが基本的なコンセプトだったわけだ。

そして、この考え方は、Ｒｕｎ４ｕの実践を通じてだんだんとより広い意味へと拡大していった。父親から母親や兄弟へ、そして学校の先生や一般のランナーへと「走る」ことの意義がつながりをもちながら広がっていったのだ。

たとえば、Ｒｕｎ４ｕではたくさんのお子さんと親御さんが走っているが、「一緒に走る」ことによって、お子さまや親御さんに様々な変化が生まれている。親御さんに関して言えば、走るうちにみるみると元気になっていくママやパパがたくさんいる。走ることは健康にもよいが、何よりストレス解消にもとても効果的だ。はじめはお父さんだけが走っていたが、応援するうちにお母さんも走るようになった、という方もいるし、シングルファザーやシングルマザーの方もいらっしゃる。「走る」ということは、とても簡単なことだ。Ｒｕｎ４ｕのメンバーとして、お揃いのTシャツを着て走り、走ったらＦａｃｅｂｏｏｋ上で写真を共有するという、あたたかくてゆるやかな繋がりのあるコミュニティに入ることで、心身ともに健康になっている方がたくさんいらっしゃる。

子どもにとっては、成長に必要な運動をするということもさることながら、Ｒｕｎ４ｕの活動を通じて「仲間ができる」ということがとても大切なことだ。大会の度に集まるので、自然と友達づくりができる。障害をおもちのお子さんは、友達をつくるのが苦手な子が多いのだが、ここでは比較的すぐに仲よくなる。「Ｒｕｎ４ｕに行くと、そこに仲間がいる」からだ。我が子もＲｕｎ４ｕのメンバーの中に仲よしのお友達がいるが、一緒に走ったりトレッキングに行ったりしてとても仲よくしている。また、同い年の子に会いにいくためにわざわざ県外まで遠出するという子もいる。「〇〇くんが頑張っているから、僕も走る！」と、仲間の存在が大きな励みとなって参加してくれる子どもの姿を見ると、活動していてよかったな、と心から思う。

それから、障害児が中学・高校生の年齢になると、体はどんどん成長するのに意外とスポーツ参加の機会が少ないという課題がある。Ｒｕｎ４ｕは、そんな年齢の子供たちにも運動する機会を提供できればと考えている。Ｒｕｎ４ｕの活動の中で、その壁をブレークするような出来事もあった。２０１３年10月に、Ｒｕｎ４ｕのメンバーで4チームを編成して駅伝大会に出場したのだが、その時は、障害児の高校生が２人参加した。駅伝では、障害者が１人で走ることは難しく、また健常者が障害児の伴走をすることも許されていない。そこで僕らは知恵を絞って、２チームを「並走」させることにより、障害児の参加を実現させた。つまり、片方のチームで障害児が走り、もう片方のチームではお父さんランナーが走るというかたちで、２人が並んで走ったのだ。こんなかたちで、チームのみんなでインクルージョンの一つのかたちを見出していけたこともある。

一般のランナーの方の中からは、「趣味でいつも走っているが、走ることが社会貢献につながるなら、Ｒｕｎ４ｕの黄色いＴシャツを着て走りたい」という人たちがどんどん出てきている。ランニング仲間の中にたまたま障害児の父親や母親がいたことがＲｕｎ４ｕのＴシャツを着るきっかけとなった人というもいれば、ＦａｃｅｂｏｏｋやＴｗｉｔｔｅｒ等のインターネットを通じてＲｕｎ４ｕの活動を知り、自らＲｕｎ４ｕのＴシャツを購入された方もたくさんいらっしゃる。

Ｒｕｎ４ｕは、日本全国そしてアメリカやシンガポールなど海外数ヶ国のマラソン大会に年間合計約１００回以上出場している。その中でも目玉の大会となっているのが、毎年4月のパラカップ（神奈川県川崎市）と10月のタートルマラソン大会（東京都荒川区）だ。どちらの大会にもメンバーとその家族を含め50名以上が集まる。障害児と一緒にファミリーランに出場する親子や、より本格的なハーフマラソンに出場するお父さん・お母さん、そして一般のランナーの方など、Ｒｕｎ４ｕのコンセプト通り、思い思いマイペースで走ることを楽しみながら、黄色いＴシャツを通じて社会へメッセージを送っている。

障害者も健常者もともに「コミュニティに生きる」感覚の醸成

私は、Ｒｕｎ４ｕの活動を通じ、今後とも走ることを通して心身ともに健康なお父さん・お母さんを増やしながら、段々とインクルーシブな社会を築くことに貢献していきたいと考えている。日本では地域のコミュニティなどがほぼ解体されてしまっている。特に男性は仕事ばかりで、会社以外に属するコミュニティがない。これからは「コミュニティに生きる」ことがとても大切な時代になってくると思う。そして障害者も健常者も関係なく、同じように同じ社会の中で生きることができる、そんな社会をつくっていきたいのだ。まずはこのＲｕｎ４ｕがそのケースの一つとなるように、障害者も健常者もともに楽しむことができるインクルーシブなコミュニティ的活動を広めていきたいと考えている。そして、ゴールを共有できる他の団体のみなさんとの協力の輪を広げていきたいと考えている。たとえば、毎年4月2日は、国連が定めた「世界自閉症啓発デー」だが、２０１５年のこの日には、東ちづるさんが代表をされる、まぜこぜの社会を目指す「一般社団法人Get in touch」のWarm Blue Dayという啓発イベントに参加した。それ以外にも、当時、乙武洋匡さんが代表をされていた「ＮＰＯグリーンバンド新宿チーム」のみなさんと一緒に街のゴミ拾いボランティアをしたり、筑波大学附属久里浜特別支援学校でＲｕｎ４ｕの活動を講演させていただいたりしている。このような活動を通じ、最終的にはインクルージョン社会を早く実現し子供たちに贈りたいと考えている。

少しだけ、私の家族のことについて触れさせてほしい。私の家族は、最愛の妻、自閉症で高校2年生の長男、健常児で中学3年生の次男、そして私の4人家族だ。長男は、私がアメリカ留学中に生まれ、2歳のときに自閉症と診断された。パニック、夜泣き、こだわり、偏食がひどく、特に外出中の突然のパニックには随分泣かされた。買い物途中や動物園などでパニックを起こし、息子を抱きかかえては逃げるようにその場を立ち去った経験は数えきれない。もちろん、外食などは全くできなかった。当時、私は何とか息子の成長を促そうとして、朝4時過ぎに出勤し、その代わりに夕方早めに帰宅しては日が暮れるまで近くの公園で彼と遊ぶ時間を確保したり、息子をひざに乗せ、コンピューターで手作りの動物のスライドを見せてはその名前を覚えさせたりと、必死だった。その息子も、段々と成長し、約２年間の試行錯誤を経て今では私と一緒に週末に10キロ以上を走れるようになった。最近は、10キロのマラソン大会に毎月のように２人で出場している。これまで家族４人で外食をすることなど全く無理だったのだが、ランニングで余程空腹だったのか、なんとあの偏食のひどい息子が、近くのレストランで焼肉と大盛りのごはんをぺろりと平らげるという快挙を見せてくれた。それからは、どんどん偏食が改善され、より多くのものを食べられるようになってきた。

妻は、「あなたは息子に父親にしてもらっているね」と言うが、本当にそうだと思う。息子がいなければ、Ｅ-ＳＯＣＣＥＲや『ぼくうみ』上映を通じて素晴らしい出会いに恵まれることもなければ、インクルージョンという言葉に出会うこともないまま、きっと私は人の心の痛みなど全くわからぬ仕事バカになっていただろう。時々、息子のように純粋で人を疑うことのない真っ直ぐな心のもち主に生まれ変わりたいなと思うこともある。私は、生まれてきてくれた息子に感謝している。この与えられた運命を正面から受け止め、今できることをやり抜くことが自分のお役目なのだと考えている。

おわりに〜メンバー募集

Ｒｕｎ４ｕの活動は、想いに賛同してくださった方であればどなたでも参加することができる。海外の方も歓迎だ。走るのが難しければ、応援だけでも大丈夫。黄色いＴシャツは、誰でもオンラインで買えるので、ぜひお気軽に黄色いＴシャツの輪の中にお入りいただければと思う。

ＩＴや障害児教育などのスキルをおもちの方でＲｕｎ４ｕの企画・運営にプロボノで参加したいという方も大募集。

ランナーの方もそうじゃない方も、みんなで楽しく〝Ｒｕｎ４ｕ〟しよう！

みなさんのご参加を心よりお待ちしている。

■Ｒｕｎ４ｕのホームページ
http://www.run4u.jp/index.html

■Ｒｕｎ４ｕのＦａｃｅｂｏｏｋ
https://www.facebook.com/Run4u-214259098656547/timeline/

■Ｒｕｎ４ｕのＴｗｉｔｔｅｒ
Run4u@southtak

■Ｔシャツのご購入はこちら
http://color-fuls.ocnk.net/product/89

グリーンバード乙武さんと

パラカップ森村さんと

「ロハスデザイン大賞2014」を受賞

東ちづるさんと

パラカップに多くのメンバーと出場

父、母、障害のある息子の３人でマラソン大会に参加。今ではマラソンが家族全員の趣味に。家族全員でのマラソン大会参加が家族の絆を深めている。

東日本国際親善駅伝にて。障害児の父親・母親・そして本人らがあつまって4チーム（合計16人）を編成。みんなでタスキをつなぎました。高校生の障害児もチームの一員として駅伝を楽しんだ。

タートルマラソン大会にて母と姉弟が手をつないで笑顔で完走。障害のあるなしにかかわらずゴールできたときの喜びは言葉では表せないほどうれしいものだ。

地元の小江戸川越マラソン大会を完走した父と子。黄色いＴシャツで Run4u をアピール。

東日本国際親善マラソン大会にて。障害児の兄、健常児の弟、父の３人で親子ランを完走。３人で手をつないでゴール。

タートルマラソンにて。親子マラソンを完走した父と子。ゴール直後の感動の様子。

タートルマラソン大会にて。メンバー全員で記念撮影。この連帯感が明日へのエネルギー源になっている。

マラソン練習会にて。高校生の息子と母親。走ることが息子と母親の喜びに直後の感動の様子。

次男（健常児）による、私が Run4u の T シャツを着た姿を描いてくれたポスター。

いつまでも笑顔を見せて生きていってほしい

動物写真家
小原　玲

Profile
動物写真家。報道カメラマンとして天安門事件，湾岸戦争，ソマリアの飢餓などを取材。アザラシの赤ちゃんとの出会いを契機に動物写真家に転身。名古屋市で妻で小説家の堀田あけみと２男１女の子どもたちと暮らす。

ニコニコして可愛らしい子どもだった

同じ年頃の子どもたちがお砂場に集まって遊んでいる時に、いつも公園の一番外側を、１人で歩き回っている子どもだった。なので妻か私のどちらかはいつもその後をついて回っていて、お砂場でのママ友たちとの団らんには加われないでいた。

でも、そうやって公園を１人で歩きまわる海斗は、いつもニコニコしていて楽しそうだった。

自分にとって、その人が優しいかどうかを見分ける力は小さい時から凄かった。優しい人にはとことんなつき、気を許して腕の中で可愛らしい寝顔を見せてくれるので、海斗を抱っこしたいという、よそのお母さんはいっぱいいて人気者だった。でも、どの人でもいいという訳ではない。私たちから見ても、あのお母さん優しそうだなという人にだけ、しっかり心を許していた。

そうではない、同じ年頃のちびっ子からは、自ら遠ざかっていた。うるさく泣く子や大きな音、暗い部屋が嫌いだった。クルクル回るものが好きだった。

アンパンマンが大好きだった。そしてそれは今でも続いている。でも、アンパンマンの映画を見せようと連れて行った映画館では、大泣きして手におえず、退散することになった。それ以降はアンパンマンのビデオも見られなかった。アンパンマンの絵本や紙芝居は大好きなのに。

言葉はとても遅かったが、文字への興味はすごくあった。ある時私の部屋のコンピューターの画面に「あんはんまんはいきんまんしやむおしさん」と書かれていて、何だろうと思ったら、海斗が指で押したキーボードの記録だった。たまたまＪＩＳ入力になっていて、押したとおりに画面に残っていたのだ。濁点や小文字が打てないので「ジャムおじさん」が「しやむおしさん」になっていたのだ。私はこの子はとても頭がいいのではとさえ思った。

自分が嫌なことには、大声で泣いて、色々なものにしがみついて、それを伝えようとしていた。明らかに他の子どもたちにくらべて、発話は遅れていたし、色々なことができない子だった。でも、ニコニコしている時の笑顔がとても可愛らしく、多くの人に好かれていた。

幼稚園の面接で自閉症が疑われた

次男の海斗の自閉症が疑われたのは、幼稚園に入る少し前、３歳の時だった。長男が通っている近所の私立の幼稚園に行かせようとして受験をした際に、面接した先生たちから、園長先生との個別面接を別途申し渡された時だ。先生方は長男の送り迎えについてくる次男のことは普段からよく知っていて、いつもかわいがってくれていた。その先生方からの予期していなかった対応に私と妻は不安になった。

明らかに他の子どもたちに比べて面接での反応がおかしい、親からは「もしかしたら?」というぐらいの考えだったのだが、多くの子どもたちに接している幼稚園の先生たちの目から見たら、それははっきりしていたのだろう。自閉症の疑いが強いと。

「特別なことはできないが、それでもよければ」との園長先生の計らいで、無事に入園は決まったが、私たちはこの時から、海斗の障害にしっかり向き合うことになった。

夫婦で話をしながら一番泣いたのもこの頃だったと思う。

正直言って、この頃の私は自閉症がどういう障害なのかもわかっていなかった。大学院で心理学を学んでいた妻は、その疑いを早々にもっていたのだが、自閉症のことをまったく知らない私とでは、その不安を共有できないでいた。不安の中での会話は、自閉症を知らない者とでは成り立たないからだ。

それまでも何度か不安に思っていた妻からの言葉は聞いていた。ただ、確信のない情報で右往左往することを私が望んでいなかったこともあり、いつも「考え過ぎじゃないか」で話を終えてしまっていた。

ただし、この日の幼稚園の面接で私は「海斗は自閉症」ということと、否が応でも向き合わざるを得なくなった。やはり不安が確信になって、涙しながら語る妻の面接の報告を聞きながら、私もいっぱい泣いた。

夫婦で一緒に何度も泣いたのはこの時期だ。でも親が泣いても、海斗はいつもニコニコして笑顔を振りまいていた。この頃にママ友から言われた「でも海ちゃんは（診断が出ようが出まいが）変わらない、あの可愛らしい海ちゃんよね」との言葉がとても嬉しかった。

自閉症だから泣きたいのではない

これは今では確信をもって言えるのだが、子どもが自閉症だから悲しいということではなかった。子どもが自閉症の疑いが強くなったのに、自分たちがどう対応していけばいいのかがわからない不安が悲しくて涙が出るのだ。

「自分たちの子どもは他の子と違う」ということが嫌だったのではない、それよりも「先が見えない」ことに対しての不安だ。

その襲ってきた不安に対して「なぜ自分の子が」と思ったことがないと言えば嘘になる。普通の子だったら、これほど悩まず、不安にならず、淡々と子育てをしていけばよかっただろう。

ところが、無知や情報の不足は、それを求めて本を読み、人に聞くことによって、どんどん解決していく。今までは自閉症のことは何も知らないと言ってもよかった私が、自分の子がその可能性が強いと指摘されたがゆえに、今度は自閉症のことが書かれた本や資料を読みあさりだした。

今の時代はインターネットや掲示板で色々な情報が、すぐに手に入る。それらでは不足している専門的な情報も、ネット書店で簡単に注文して配達される。

色々読んで、学んで、私の中で一番ピンと来たのは「発達障害だから、発達の度合いが他の子に比べて遅れるんだ」という自分の解釈だった。そして、児童相談所の発達検査で出た49という発達指数が見事に、海斗の当時の成長具合を示していた。

普通の子を100としたら海斗は49、それだけ発達が遅れているということは、年齢を半分にして考えればいい。そう考えると、海斗はむしろ色々なことをきちんとできるようになっていたし、得意な部分に関しては、半分の年齢の子よりも秀でていた。

海斗にあった物差しで、海斗の発達を見守っていこう。

そう考えるだけで、発達障害児の親としての悩みはすべて解決したと言ってもいい。4歳の海斗を「中身は2歳」と考えれば、まあよくできた子じゃないかと思えるのだ。

そして、発達が遅いということは、育てる親からしてみれば子育ての楽しさを、よりゆっくり味わえるということでもある。次から次へとどんどん成長してしまう健常児よりも、「あれができた、これができた」をゆっくり見ていくことができる。

普段は妻が連れて行く、主治医の先生への面会に一度私が行ったことがある。

「最近どうですか?」と聞かれて、

「はい。順調に遅れています」と私が答え、主治医の先生に

「長年小児科医をやっているが、発達障害児の親でそう答えた人は初めてだ」

と、びっくりされたことがある。でもそれが本当に当時思っていたことだった。普通の子のペースで考えたらとても遅れているが、この子の発達指数で考えたら、それはとても「順調」なペースだったのだ。

この発達指数を考慮して、行動を考えるという見方は今も行っている。ついつい、生活上の問題が出てきた時など、「なんでこんなことが」と思ってしまう時もあるのだけれど、姿は中学2年生（14歳）だけれど、中身は小学2年生（7歳）相当か、と思えば理解ができる。

海斗のパニックの恐怖感がわからない

発達が遅れるということがわかり、その発達を計る尺度を間違えなければ、子育てはさほど大変なものではない。海斗を育てる大変さは、発達障害児だから大変なのではなく、子育てというものが大変なのだと思う。でも、未だにこれだけは大変なのが、パニックになった海斗の気持がわからないことだ。

発達障害児の海斗は特に小さかった頃に、たびたびパニック状態になったことがある。そんな時に、何が怖いのか、何が嫌なのかを私たちに伝える表現力をもたない。そのための表現が、まさにそのパニックなのだ。

特に海斗は音と暗さに敏感だった。顕著に嫌がったのがゲームセンターの騒音、映画館も映画の内容に関わらず嫌いだった。むりやり連れて行ってもずっと下にうずくまって丸まっていた。

赤ちゃんや小さい子の泣き声も嫌いだった。特にそれが、聞き分けのない子のわがままでぐずっているような声だと、時にはいきなり頭をポカリとやったりするもんだから、私たちはその度に、すぐに謝りに行って大変だった。

また自傷行為や、自分の服や髪の毛を切ったり、大切な自分のものをあえて壊してしまうような行動もあった。その度に私たちは、海斗を叱りつけるのだが、海斗がなぜそのような行動をしたかということが、きちんと理解できているかというとできていない。

パニックや自傷行為は海斗なりの自己表現であり、自己主張なのだが、これを大人の尺度で見ている限りは、「なんで」という壁を乗り越えられないだろう。これは今でもそうで、私の子育てで一番の反省点でもある。

ただ海斗の感情を、少しだけ垣間見たことがあった。

小学校6年生の時に、学校から帰ってきてすぐに、はさみで洋服を切ってそれを叱った時のことだ。私は海斗に「反省のために、なんで切ったかマンガにして描きなさい」と命じた。

それで海斗が描いたのが、次のような絵だった。4コママンガの一コマで、怒っている親がアンパンマンで、しかられている海斗がバイキンマンになっていたのだが、怒っている姿を顔の周りから吹き出しがいっぱいの姿で表現していた。それぞれの吹き出しの中には、その頃怒られていた言葉が色々書かれていた。

海斗から見たら怒っている私たちはこんな風に見えていて、それがなんでだかよくわかっていなくて、困惑しているんだ、というように思えたものだ。

海斗に教わった自然を見る目

海斗に大事なことを教わったことがある。私がずっと撮影を続けているカナダの流氷の上で生まれるアザラシの赤ちゃんの取材に家族を同行した時の話だ。当時海斗は幼稚園の年中さん、いたずらの盛りの頃でもあった。

流氷の上に海斗を連れて行ったらどうなるか。海斗は最初アザラシの赤ちゃんを触っていた。これは健常児でも同じこと、流氷の上に来た人間のほとんどはこの可愛らしい白い赤ちゃんを触ってみようとする。野生動物なのに触ることは禁止されていない。動物保護団体の人たちもみんないっぱい触って写真を撮ってきたから、今更触るなとも言えないわけだ。

触っていた後に海斗が変わった行動をとった。なんとアザラシの赤ちゃんを枕にして横たわったのだ。最初私も海斗がなぜ横たわるのかがわからなかったのだけれど、すぐにその理由に思い当たった。この頃、長男の真斗がアザラシの形のぬいぐるみの枕、ゴマちゃん枕で寝ていたのだ。海斗は本物のアザラシの赤ちゃんを見たら、お兄ちゃんの枕にそっくりに見えたので、枕にしてみたのだろう。

「アザラシの赤ちゃんを枕にするとどうなるか?」答えは「怒られる」である。

最初は怖くてじっとしていたアザラシの赤ちゃんも、海斗が離れようとした際に、今がチャンスとばかりに怒って声をあげて海斗を威嚇した。驚いた海斗は慌てて逃げる。氷の上でとんでもない光景が繰り広げられていた。

このあと海斗が面白い行動をとった。流氷の滑り台で遊び出したのだ。流氷は小さな氷の塊がくっついては離れるのを繰り返すので、様々な形の隆起がある。そうして盛り上がった氷を見つけては、よじ登って滑る、を繰り返していた。その写真を撮りながら私はハッとした。「大人ってこういうことをしないなあ」この流氷には毎年3月に500人近い数の観光客が世界中から訪れる。でも大人で流氷の滑り台で遊んでいる人を見たことがない。

大人は何をしているか？　これは子どもに質問すると、すぐに答えが帰ってくる。「大人は写真を撮っていると思います。」そうなのだ、大人は間違いなく皆がアザラシの赤ちゃんを見て写真を撮っている。そして広大な流氷で、アザラシの赤ちゃんだけの1点を見つめている。それが大人がとる行動なのだ。

なぜ大人は大自然の中でそのような行動をとるのか。それは大人が耳から入った情報を元に自分の行動を決めるからだ。「アザラシの赤ちゃんは可愛い」「アザラシの赤ちゃんはたった2週間しか白くない」「地球温暖化で今後見れなくなるかもしれない」「アザラシの赤ちゃんを見にいくのに、お金がどれだけかかって、休みを取るのが大変で、だからアザラシの赤ちゃんをいっぱい見てこないともったいない」そうしてアザラシの赤ちゃんだけを見てしまうのだ。

ところが子どもは違う。特に海斗は耳から入ってくる情報の処理が苦手だ。だから学校の勉強は苦手で、特別支援学級に通っている。でも目から入ってくる情報に対しては、私たち以上に、その選択が自由で優れている。

自閉症児の海斗の方が、自然写真家の私よりもよっぽど確かな自然を見る目をもっている。大人たちが見逃す流氷の美しさや、形の面白さを、しっかりと見て気づいている。流氷の滑り台で無邪気に遊ぶ海斗を見て、私はそう思ったものだ。

私はこの海斗のような自然を見る目をもたないといけない。そう思い、それはいつも忘れないように心がけている。

これからが大変なんだろうなあ

海斗は今、中学2年生。卒業後は市内の特別支援学校の高等部に進むだろう。そこまでは行政のケアがしっかりある。大変なのはその後、社会人になる時だろう。

正直、その頃のことを考えると楽天家の私でも不安になる。

でも、そんな私でも確信できることはある。海斗はきっと自分の人生を楽しんで、幸せに生きていくだろう。人間の幸せを「普通の」価値観で測ってはいけない。海斗の価値観の尺度はそもそも私たちと違うし、そのどちらが優れている、有意義であると判断できるものではない。

海斗が私以上に多く笑ったり、多く喜んだりする人生を送る可能性はとても高い。小さい頃に、いっぱいの笑顔で周囲を幸せにしてくれた海斗のことだ。きっと笑顔を忘れないで生きていってくれることだろう。

いつまでも無邪気に笑える人生を歩んでくれたら、親としてはそれほど幸せなことはないと思う。そしてそれが可能な、そういう世の中であって欲しい。

一緒に「たのしい」感をもてたとしたら、まずは「いいじゃないか」

会社員
笹森史朗

Profile

奥さんが発達障害の「当事者，親，支援者」として発達障害分野では有名人。3人の息子もそれぞれに発達障害の特性（診断済）を有している。その家族の日常を描いた『笹森家の楽しい発達障害』をＮＨＫのHP「ハートネット」に約８年間連載。

「父親の役割」とは

専門的な知識や制度のお話は、先生方に充分なご説明を願えると思うので、ここでは一人の「父親」として、我が家のお話をしたい。

今回いただいたテーマを機に、「役割」という言葉の用法を、改めてサイトで確認してみた。また、それを今回のテーマに即して書き直すと、次のようになる。

「家族の中で、果たすべき発達障害児の父親としての役割（役目）」。この場合の「役割（役目）」は「なすべき務め」「果たすべき任務」の意。う～ん、難しい。「父親の役割」だけでも、とても難しく感じてしまう。一昔前なら、父親の役目は子に「社会の規範を教える」とか、「仕事に励み、家族を養い、背中で（？）生き様を子に示す」なんてことになるのかもしれない。父親が「モデリング」となりえた時代。畏敬の念を抱かれていたような文化があった時代には「地震、雷、火事、親父」と「恐いものベスト4」としても語られていたのではないだろうか。もっとも、この喩（たとえ）で言う「おやじ」は、本来「大山（おおやま）嵐（じ）」が訛って「親父（おやじ）」に変わり、伝えられたという説もあるが。いずれにしても「親父」は現代において、そんなに怖い存在ではなくなってしまった……（説明も必要がないくらいに）。

ナマモノとして「発達障害児の父親」の役割とは

そして「発達障害児の父親の役割」と銘打つ時、「その子への気づきと、共感、理解と配慮、環境調整、等々……」すべて「子どものために」を枕詞にして語ることが、暗黙の了解事なのかもしれない。これから語ることは全く違うことになるので、先にお断りしておきたい。

我が家は5人家族。奥さん（「妻」という印象ではないので、このように呼称している）と、3人の息子（18歳、17歳、7歳）にそれぞれ発達障害に関わる診断がついている。「我が家は発達障害がマジョリティ」とは奥さんの言葉。

私にとって、ケアする優先順位？をもし示すのであれば、①自分、②奥さん、③子どもたち、となる。「ジョーシキ」と逆かもしれない。いや「かも？」なんて、言うだけで叱られそうだ。これは「気持ちの持ち方」を述べているだけなのだが。

「子どものために」と言い出すと、まして、自分の子が何らかの障害特性を有しているとすれば、それは理屈を超えた戦場のような日常生活が繰り広げられていることになる。共感も理解も配慮もそんなこと、戦場のような現実を前に、建前なんか言っていられないという「ナマモノ」としての、加齢や疲弊や苛立ちを実感している父親とすれば、「よくできた父親像」みたいなことはとてもじゃないけど言えたもんじゃない！という気持ち。

関連のテキストに記載されている様々な知識と技術を集大成したものを「知恵」として、もし応用できるようになったとしても、実践の生活場面で功を奏するのは、「5割」だろうか（実感）。とっても手ごわくて、独特のクールさをもつ子どもたちに対して「子のために」なんて言い出すと、「せねばならない」「こう、あらねばならない」「自分のことは後回し」の思いに囚われてしまいそうだ。そうすると、溜まっていくと思う。なんか、すっきりと吐き出されないで心の底にドロドロとした澱（おり）のようなものが……。親も肉体をもち、疲れもすれば、イライラもする「生きている人間（ナマモノ）」なのだから、最後には「爆発」してしまう。建前（たてまえ）で「子どものために」というのは、自分の表面意識とは別に、子どもたちには「バレて」しまうと、わたしは感じている。なにせ、子どもたちは、自分が生きてきた年数分、親と付き合っているのだから、その本音、感情、弱点はすべてお見通し、親の「怒りのツボ」なんか親本人より知り尽くしている。パニック時にはピンポイントで連続打突攻撃をかけてきたりする。知識や経験を重ねた防御壁で耐えることができるのは、5連弾くらいまでか。

うちでは、親のどちらか、先にキレた（相手の怒りに共鳴してしまった）方が、極道映画さながら舎弟役に回る。もう一方が兄貴分役になり、冷静に対応してくことになるわけだ。

舎弟役「いま、そんなこと話しているんじゃない‼」
兄貴分役「まあ、待てや（低い声で）。よーく話を聞いてみんと、なぁ。」

子どもたちは、見抜いている

たまに、障害をもった子どもたちには、「何か言ってもわからないだろう」という話を耳にすることがあるが、むしろ逆だろうと思う。何らかの障害や特性をもつ子どもたちは、鋭敏に察知し、見透かしているように感じる。その直感は存外のパワーをもっているのだから。

心を見抜かれて、痛いところを射抜かれて、気づいていないのは親の側だけ、なのではないだろうか。

「言葉と行動にギャップがある時」の本当の答えは「行動」の方だということも、子どもたちは肌で感じてしまっているのだから。

ケアする優先順位、まずは「自分」から

さて、話を最初に戻し、ケアする順番、まず自分について。これは、気持ちのもち方ということと述べた。気持ちとして、発達障害等の特性をもつ子の父親としては、障害受容にしろ、理解や共感にしろ、自分の気持ちできっかけをつかめるまで、母親をはじめ、周囲には「待って」ほしい。

そのことを、まず自分が自分に許す、というもの。世の中の要請のまさに逆説となる。母親と父親

の、子どもに対する思いの温度差は、それはもう父親の想像を遥かに超えて大きいと感じている。母親同士の会話、幼稚園・保育所や小学校などでの先生との子どもに関するやり取り、授業の様子、クラスメート間での自分の子がおかれた状況……、これらの現実を目の当たりにしてきた母親は、心中穏やかになれるわけがない。けれど、父親は仕事で疲弊して帰宅した時、話が耳に入ってこないことや、危機意識が現実味をもってピンとこなくて、父親と母親のギャップは、どんどん大きくなっていく（体験談）。

「頭で理解」したくても「心（気持ち）が納得」していないと、あとで反動が来てしまうと思うから、海容《かいよう》（＝海のように広い心）の気持ちで、納得できるまで、自分が自分を待ち続ける。「自分が」ということ！　もう、とんでもない父親と言われそうだ。それは、受容の難しさでもあるが、無理していると「俺は、こんなに我慢してやっているのに」なんてしまいには恨みに思うことになるのではないかと予想してしまうのだ。

「北風と太陽」の寓話を思い出していただきたい。ここに出てくる旅人が、発達障害等の特性を有する子の父親と思ってもらえたら、ありがたい（という切なる願い）。父親も途方にくれたり、寒さに震えていたりしているのに、「認めろ」「受容しろ」「子どものために、一刻も早く！」とバンバン強烈な風で煽られたら、さらに身を固くして、しまいには船底にこびりついた牡蠣（かき）のようになってしまうというものだ。

どうか、待ってほしい。時が経ち、暖かい春が来れば自分からコートを脱ぐ時が必ず来るのだから。長いこと待てなければ、冬の季節であっても、最初は暖かい部屋に入れてほしい。そうすれば、コートを脱いで落ち着いて話ができるというもの。具体的に言えば、無理やり「親の会」や「発達障害の勉強会」に連れて行ったり、関連書籍を勧めたりしないでほしい、ということ。「障害受容刺激」をしてほしくない、少なくとも最初のうちは。父親の受容フェーズは、母親より数段、遅れているると、私自身認めざるを得ないのだから。

私の場合、少なくとも5年以上はかかったと思う。もちろん現在でも、「障害受容」は「生涯かけての受容」と思っている（それは「障害」がなくとも、相手の理解については同じと感じていること）。

そうして、自己の意志で受け止め始めたら、父親は、じわじわっという速度かもしれないけれど、歩み始める。知識も経験も、染み込むように身についてくるのではないだろうか。そのような地固めをした次の段階で、やっと、言うところの「父親の役割」を果たせるようになれるのでは……。

その後に、第2、第3のケアが、父親が自身の意志で、始められるようになるのではないだろうか。

いったん、父親の心のレセプターが開いたら、父親の立ち位置で、強みも発揮できるようになる。現役の会社員等、職業人であれば、その違った目線でも母親との話に加われるし、違う役目を果たせるかもしれない。

家族それぞれ、違う価値観も「いいじゃないか」と思えること

ケアというのとは、ちょっと違うかもしれないけれど、事例として、たとえば母親（奥さん）の「価値観」を大事にしたいと思っている。

奥さんが関心をもち感心しているもの、好きでたまらないもの、その中に本人の視点や価値観が見えてくるような思いで話を聞いてみる態度のことかな。それを無理に好きになる必要がないことは、自分自身も認めて。そのような無理は無駄だから。家族が関心をもっていることをいったん、受け止めて、聴いてみる、観てみる、読んでみる、体験してみる。一部でも共有できる好きな箇所があれば、進んでいくし、本当に好きになれる要素があれば、そのまんま、上等な気分になれるというものだ。そして、その思いは、困った時にも必ず役に立つ。

奥さんの場合「猫と勘違いされたベンガル虎」になったとさ

具体例でお話ししよう。

33歳の時に「発達障害」の診断を受けた奥さんは、その後、過集中で勉強し、親の会にも参加、経験も積み、自ら認知行動療法も受け、ソーシャル・スキルも高めて突き進んだ。「精神保健福祉士」や「睡眠健康指導士（上級）」その他関連する資格も取得し、「当事者、親、支援者」の異なる立場から発せられる言葉は、実にオリジナリティにあふれ、誰にも真似のできない内容だなと思うに至った。その「ひたむき」なポジティブさは、多くの方からの支持も得て、講演やメディアのオファーも増えていったのだった。

それでも、奥さんがドン！と奈落に落ち込むようなことはあった。奥さんが抑うつ状態になってしまった時、来る日も来る日も、その思いや話を聴いていた。その中から、本人が本当に大切にしていたこと、思い、信念のようなもの、その大切なものを自分が守れなかったことへの苦悩を、私は感じていた（たとえ一部でも）。

その頃、奥さんが落ち込む前に、すごく面白がって読み込んでいた書籍に『のぼうの城』（和田竜著）があった。勧められ早速、読んでみると、みごとに、わたしもハマった（ハマるポイントは、ずいぶん違っていたけれど）。その映画も二人で観にも行った。映画館へ行くこと自体がきわめて稀（人ごみや大音響、臭いに過敏なため）。さらには映画の限定盤ＤＶＤも購入してと、どれほど、奥さんが気に入っていたかは想像に難くない。

この映画のラストに近いシーンで、主人公のぼうが相手方の将軍に城を明け渡すのに条件をつけた話を私は引用した。本来、敗軍の将が条件をつけるなど、戦国の世にはありえないこと。勝った方の将軍がそれを聞き、その内容をまるで自身のことのように受け止め、怒りに震え、「必ず約束を果たす、承った」と述べるくだり。敵味方と立場は違えど、これだけは譲れない大切な「義」を共有していた二人の将だったというわけだ。そして、同じ作家、和田竜著の『影法師』と百田尚樹著の『永遠の０』を、今度はわたしが奥さんに勧めた。自分の中で「これだけは、護る」という信念をもった主人公と、奥さんの生き様から感じていた悩みに、相通じるところがあると思ってのことだった。

ここから、奥さんは自ら気づき、自分の意志で反撃（落ち込んだ自分からの反転）にかかった。それは強かった……。本来の「ヒューマニティ（自分らしさ）」を取り戻せることの大切さを改めて、思い知ったのだった。「義」の英訳で、後ろの方に出てくる意味が「ヒューマニティ」でもあることも納得感があった。

以降、奥さんは本当に大切な瞬間で、つまり、ここは黙っていてはいけない、自分が思ったことを、自分の意志で力強く、しかも理路整然と、その相手に（たとえ、その相手が社会的に強者と言われる立場の人物であっても）、一刀両断するほどに言い放つ場面が見受けられるようになったのだ。私は、その様子をたとえて「ああ、また相手は猫と勘違いしてベンガル虎の尾を踏んじまったんだな」と心の中でつぶやくのだった。

ちなみに、発達障害の診断前は無自覚に、恐れを知らずに、そのような態度をとっていた奥さん。現在は「そこ」が違っているのだ。自分なりに考え、調べ尽くし、理論立てしたうえで、できるだけ合理的に、しかも情感的にと思えるほどの弁で訴えることできているのだから。

そんな感じで、いろいろあるけれど、家族みんなに「自分らしさ」を感じることができるような今日この頃だったりする。

そして、子どもたち……三人三様の個性をもって

長男とは最新鋭兵器のマニアックな話で盛り上がることたびたび。最新鋭戦闘機F‐22ラプターや、イージス艦、特にＣＩＷＳ（シウス＝主に防空20ミリ機関砲）がお気に入り、マニアックな話は尽きることがない。

二男は、諫山創氏作『進撃の巨人』（別冊少年マガジン連載）の意外な謎や深みについて、登場人物の人間観察にまで踏み込んいく。

三男は、それはそれは、たいへんな鉄道オタク。地元の神戸電鉄では最新型「６０００系」と、いにしえの「デヤ型」ファン。あとはＪＲの機関車や軌道列車が特に好きかな。

そんなことが、楽しいと思えるようになったんだなと、この文章を書いていて改めて思ったのだった。

王道なき父親の役割「じわじわ、いきましょか」

「オーストリアの小児科医ハンス・アスペルガーによって1944年に初めて報告された概念から始まり」とか「発達障害者支援法が、2005年4月1日に施行されて」とか、「親亡き後の子どもたちの……」等々、すごく大切で大事なこと、考えることは数多ある。重要なことであることに異論があるわけもない。ただ、現在「渦中にある」我々、特に父親は、それぞれの分野や立場で、一緒に「たのしい」感をもてたとしたら、まずは「いいじゃないか」（たびたび金言を発する長男の昔の口癖）と思っている。

「じわじわ」と染み入るような速度でも、着実に前へ進むことが、王道なき「発達障害児の父親の役割」のような気がしている。

それは、2人から始まった

●2人だけの時間は必要不可欠

くまもと発育クリニック
岡田稔久

Profile
徳島県鴨島町出身。1990年熊本大学医学部卒業。1993年長男誕生。2004年くまもと発育クリニック開業。一期一会。人間万事塞翁が馬。いつか来た道，これから行く道。2038年金婚式（予定）。

1本の電話と1杯のカレー

「お父さんが亡くなられました。」

1996年5月20日、夜。警察から1本の電話があった。

思い返してみると、そこが私の「発達障害児の父親」としてのスタートだったように思う。

電話を受けた翌日、家内と3人の子どもたちの家族5人で、当時住んでいた横浜から羽田に向かった。故郷四国の空港に着いて地元の新聞を購入したところ、社会面に父の事故の記事が載っていた。父と母は、父の運転で買い物に行く途中の山道で、対向車がセンターラインオーバーをして正面衝突したということだった。父はほぼ即死で、母も病院に搬送され重体と書いてあった。母は数日の意識不明の後、約3ヶ月程の入院を要する重傷を負っていたが、退院後は徐々に回復し、現在は（おそらく）私より元気である。

1週間程、実家に滞在していた。その間、お通夜、告別式、初七日はもちろんのこと、故郷に帰ったのは数年ぶりで親戚と会うのも十数年ぶりであったため、緊張と疲労は相当なものであった。自分自身ではそうは思っていなくて、仕事に戻って周りから言われて初めて自覚することができたのではあったが。自分の中では、意識を回復した母に、長男であり医師でもある私が適任であると縁者一同からの話で、父が亡くなったことを伝えたことが最もエネルギーの必要なことであった。

その後の初盆の時であったと思うが、重度の知的障害を併せもつ自閉症の長男と家内と私の3人で、実家のある田舎から県庁所在地であるT市まで行った時のことである。年中の長女と1歳児の次男は、九州の家内の両親が来てくれていたので、2人とも預けていた。何の用事でT市まで行ったのかは忘れてしまったが、お昼は市内で一番大きいデパートの最上階にあるレストランに入った。その時、家内と私は前日に些細なことで口げんかをしており冷戦状態で、お互いあまり言葉を交わすこともなく、それぞれの注文と長男にはカレーを頼んだ。なぜ、冷戦状態だったかもあまりはっきりと覚えていないのであるが、おそらく家内はしっかりと覚えていると思う。しかし、本項を書くにあたって、聞く勇気はもち合わせていない。

その時、3歳の長男はカレーをスプーンで黙々と食べ続け、奇声を発したり席を立ったり遊び食べしたりすることなく完食した。なんていうことのない家族の昼食風景であったが、それは他者から見た風景であり、私たち夫婦からは別の風景が見えていた。

長男は、それまで1人でおとなしく食事をしたことが全くなかったのである。その時が初めてであった。家内と私は顔を見合わせた。「1人で食べたね。」どちらともなく発せられ、偶然かもしれないが、長男からのメッセージとして私たち2人は受け取った。夫と妻の夫婦としての冷戦状態は、子どもたちにとっては父親と母親としての冷戦状態であった。この時に、私は「自閉症児の父親」であるということを強く意識した。否、初めて意識した。

もちろん、それまで無関心であったわけではない。それは自信をもって言えることである。ただ、それは父親としてではなく、夫としての思いであった。つまり、「自閉症児の父親」としてではなく、「自閉症児の母親の夫」として関わっていたのであった。

自閉症児の母親の夫

家内から、長男が自閉症であると伝えられた時、私は3つのことをやっていこうと思った。発達がゆっくりで、知的障害を伴う自閉症であろうことは、伝えられる前から想定はしていたことであった。それは、もちろん、私自身が小児科医であったからであるが、自分でも理由はわからないが、それの可能性を私から家内に伝えることはしなかった。当時のことを振り返ってみると、その当時は我が身が修行中の身であり職業的にもいわゆる激務という状態で、どう見ても子どものことをみることができているとはお世辞にも言えない状態であった。そういう状態の夫からの言葉は、果たして家内にどのように受け止められるのか、全くわからず、ちゃんとした医師から話を聞いた方が家内はしっかりとやっていくだろうと思った、いや期待したからだと思う。

話をしてくれた医師の名前を家内から聞いたところ、保健センターの健診に来ていた先生が佐々木正美先生ということだったので、その幸運に感謝した。想像したとおり、家内は特に動揺もない様子でしっかりと私にそのことを伝えてきた。まずは、家内の思うようにしてもらって、できることをサポートしていこうと考えた（ところが、10年ほど前に某誌の取材で当時の家内の思いを知ることがあった。保健センターからの帰りのタクシーの中で涙が出て仕方なかった、ということを知った。夫唱婦随などほど遠い、妻の心夫知らず、であった。）

で、私がやっていこうと思った3つのことである。

1　家内が自閉症のことを勉強できる時間をつくろう
2　家内と他の子どもたちのそれぞれ（長女や次男）と過ごせる時間をつくろう
3　家内と私の2人きりの時間をつくろう

ということである。
しかし、その時は家内に宣言したわけではなく心の中で思っただけであった。

自閉症の勉強

診断がわかってから暫くして、家内から「自閉症の勉強会があるから行っていい?」と聞かれたので、もちろん望むところだと「どうぞ! で、いつ?」と聞いた。家内は、「月一で半年ぐらいあるの」と言い寝ている子どもたちの方を見た。私もつられて、子どもたちの方を見て、「いいよ」と言ったところから家内の勉強が始まった。

その後もいろいろな講演会や研修会に行く話があったが一度も反対したり止めたりしたことはない。というと、すごく物わかりのいいできた夫のようであるが、実はそうではなく、種を明かせば、私や子どもたちの都合を考えた上で自分が行ける会を選んで家内は行っていた、というのが実情であると最近気づいた。

私が外来で診断を御両親に伝える時に必ず言い添えることが2つある。そのうちの1つが「自閉症をはじめとする発達障害のことを勉強しましょう」ということである。理解するには勉強する必要がある。大多数の人たちにとって、それまで生きて経験してきたことだけから発達障害のことをイメージしようとすることは難しい。物事の受け止め方や考え方や感じ方が異なる子どもたちのことを知ろうとするのだから、学ばなければ知ることはできない。それは、発達障害のことに限らず、世の父親たちが初めて社会に出て仕事のことを知ろうとした時と同じである。何もしないで仕事の成果を上げることはできない。子どもたちのことも全く同じであると思う。

勉強は、机上ですることと実地ですることがある。実地ですることは、我が子との関わりだけでなく他の発達障害児との関わりが大切である。根っこには同じ特性があるのに症状としての現れ方が違う他の子どもたちと関わることで、症状にとらわれない根っこの特性を理解することができるのである。机上の勉強は、本や講演会などである。本の紹介を求められることがあるが、すべての人にとって必ず理解できるようになれる本などないと思うので、いつも困っている。自分が理解できる本と出会う過程そのものが勉強だと思う。だから、我が家にはたくさんの本がある。お互い知らずに同じ本を買ったこともあった。

きょうだい

自閉症の長男の療育や各種イベントに、今までたくさん参加した。もちろんそのほとんどは家内が一緒であって、長女や次男が一緒であったこともよくあった。おそらく私が一緒だったということが最も少ないと思う。家内と長男だけで参加した時には、長女と次男は私と過ごすこともあった。しかし、その逆は相当意識的に私が長男と2人だけで療育やイベントに参加しようとしなければ、実現しないことであった。

親は半生、きょうだいは一生。私が考えた格言である。私の元々の仕事（今もやっているが）は、小児の1型糖尿病や先天性甲状腺機能低下症、先天性副腎過形成症などの小児内分泌疾患という分野である。この分野は慢性疾患で生涯治療が必要であることが多く、小児期も定期的に通院が必要であるため、家族の思いはその子どもに向かいがちになることを目の当たりにしてきた。病院には、そのきょうだい児も一緒に来ていることもあったが、きょうだいたちの頑張っている思いがいつも気になっていた。

きょうだいには自分の人生を歩んでほしいと思う。家族であるため全く無関係に生きていくことはできないとは思うが、自分の人生のすべてを犠牲にしなくてもいいようにしてほしいと思う。そのために親がすべきことをしておきたいと思う。何をすればいいのかは、それぞれの家庭でそれぞれであると思う。

私自身は、きょうだい児の思いをわかっているとは思わないようにしている。長女や次男の言動から、いろいろ気づかされることが今もしばしばあるからである。また、私が彼らにできることと、家内が彼らにできることはおそらく違うと思う。そのためにも今でも家内と彼らだけの時間を確保したいと思っている。

2人きり

私たち家族の始まりは家内と私の2人であった。当たり前のことであるが、子どもができると大勢の夫婦が忘れてしまうことである。このことを「愛」で語ることはしない。ジョン・レノンや松崎しげるのように愛は語れない。家内には家内の人生があるし、私には私の人生がある。しかし人と人との関係は、2人から始まる。相手にとって自分は、いなければならない人、いなくてもいい人、いないほうがいい人、のどれだろう。始まりの2人は、お互いが、いなければならない人、であるべきだと思う。そのために、2人だけの時間は必要不可欠である。それは長短ではない。どのような時間であったか、が大切であると思う。

昨年度に次男が高校を卒業した。家は、家内と長男と私の3人になった。もうすぐ、また元の2人だけになる、と思っていたが、そうではなかった。大多数の保護者は、障害のある子どもがいれば、その子が同居していなくても生涯元の2人きりに戻ることはないと思っているかもしれない。実際、そう思っている方もいると思う。しかし、私は違った。一緒に暮らしていても、子どもたちが大人になれば、それがたとえ知的障害のある子どもであっても、それぞれが自分の人生をもった独立した1人の青年であり、私には家内と2人に戻った、という思いがわいた。家内の思いは違うかもしれない。思いは違っていても、いなければならない人であり続けたいと思う。

誇りある低空飛行

開業して10年が過ぎた。確か、開業を家内に伝えたのは事後承諾だったような気がする。成長や発達、成熟などの慢性疾患や障害の子どもたちを診る専門クリニックであるため、完全予約制で毎日忙しいが、運営は低空飛行である。今のところ墜落することはなさそうであるが、成層圏はおろか一般の医師が飛んでいる高度までは、永遠に届きそうにない。診療以外にも、いろいろなことに首を突っ込んでいるのでまさに自由業状態である。事実、長女の同級生から「お父さんは自由業？」と聞かれたことがあった、らしい。

就学指導委員や審査委員、精密発達健診医、嘱託医、産業医など様々なことをしている。どの仕事も深イイ仕事である。一つ一つの話を始めると、しばらくの間私の文章で続くことになるのでやめておく。ただ、様々な仕事をしていることで、いろいろなことを知ることができた。そしてそれらはそれぞれが独立しているのではなくて関係していることがほとんどであった。医療、教育、福祉、行政、それぞれ視点が異なるが、違った視点から見るからこそ全体が立体的に見えてくる。視野が狭くなりがちな私にとっては非常にありがたいことであった。

アンチ・スーパーファーザー

本当に大切なことは子どもの笑顔のようにつながりの中からしか得られない

発達障害のある息子たちにとって暮らしやすい、やさしい社会になってほしい
子育ては難しい　発達障害をもつ子どもの子育ては、さらに難しい
発達障害児の父親だからできること・やるべきこと・やっておけばよかったこと
人生は一度しか過ごすことができないもの
息子を中心として多くの人々のサポートによる地域生活を実現できたら
自らの健康を確保し、末永く家族の生活の基盤を支え続けることが大切
いつまでも笑顔を見せて生きていってほしい
一緒に「たのしい」感をもてたとしたら、まずは「いいじゃないか」
「特別な父親」である必要などない
我が子のセラピストになった父親
自閉症の子どもの可能性を信じきる
折り合いをつけて、寄り添う

本書の他の父親たちの原稿タイトルである。

どれも、素晴らしい親父ストーリーだと思う。知り合いの親父さんもいれば、面識のない方もいる。知っている方々は、いずれも一門の人物であるが、ただの父親でもある。会ったことのない方も立派な方であることは想像に難くないが、おそらくただの父親でもあると思う。もちろん私もただの父親である。職業人としての肩書きには、素晴らしいとか立派であるとかの形容詞がつくことは大切なことであると思う。しかし、「父親」の前にはそのような形容詞は似つかわしくない。父

親はどう転んでも父親であり、世界で一番かっこよくても、宇宙の歴史を変えることができても、子どもにとっては「父親」以外の何者でもない。その「父親」の前につけることのできる言葉はただ1つである。

かけがえのない父親

そうあるべく力を尽くすことが父親のなすべきことだと思う。

信条

最後に、私の信条を皆さんに伝えたいと思う。小児科医という仕事をしていて20年以上経った。たくさんの子どもたちや母親、父親、きょうだい、支援者と出会ってきた。出会うたびに積み重なっていく思いがある。

我が子のことだけを考えていたのでは決して我が子のことはよくならない。

我が子のことは誰も心配である。我が子の将来のことを考えると不安になる。我が子のことをどうにかしたい。みんな思うことであろう。しかし、我が子の未来が安泰であるためには、我が子だけのためのことをしていたのではその願いは遠ざかるだけである。我が子以外の子どもたちの幸せや平和を考えてはじめて、我が子が安心安全に過ごせる世の中になるのである。この思いを一日も忘れることがないようにと思う。

あとがき

2人で始まった物語であるが、2人で同時に終わらせることはできないであろう。もの言えるうちに感謝を記しておきたい。

追

相変わらず、私は文章が下手である。

本稿を居酒屋で一杯やりながら語ると、おそらく100倍は面白い！　と思う。

「特別な父親」である必要などない
●父親だって、みんなちがってみんないい

一般社団法人そよ風の手紙代表理事
新保　浩

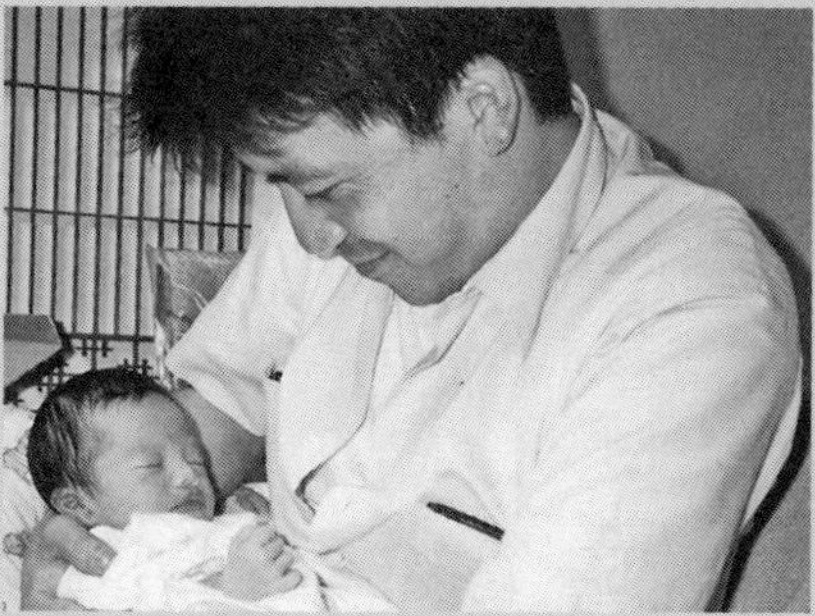

Profile

1965年神奈川県生まれ。社会福祉士。HP「そよ風の手紙」を，ポッドキャスト「週刊自閉症ニュース」の配信５年を含め12年間更新。著書に『そよ風の手紙　自閉症児りょうまとシングルファーザーの18年』（マキノ出版）がある。

はじめに

早いものである。

明け方の病院。まだ薄暗い廊下で、遠くから聞こえる息子の産声を聞いたあの夏。その日、息子とはじめて出会えた感動は、つい先日の出来事のような、そんな感覚を覚えるのだ。その息子も今年20歳を迎え、あらためて今、時の流れの早さを感じている。

これから、20年という父親歴、そして少しだけ違う家庭環境であったからこそ見えた経験の中から、私自身が感じた発達障害児の父親の役割に関して、お話しをさせていただく。とは言え、私自

身はただの父親であり、何かを偉そうに語ることなどできない。あくまでも、ある一人の父親が経験の中から感じたこととしてお読みいただけると幸いである。

父であり、母であり

息子が18歳で特別支援学校の高等部を卒業してから1年半が過ぎ、現在は地域の通所施設へ毎日通っている。送迎で送り出す時に見せるその表情は、穏やかで楽しそうである。兄弟姉妹がいない〝一人っ子〟の彼。重度の精神遅滞を伴う自閉症と診断を受け、障害があると知った3歳。その日を境に、私の中ですべてのものが変わっていったと言っても過言ではない。それは新たな世界へのスタートであり、転換点であった気がする。

様々な出来事が波のように押し寄せる中、母親は精神的なストレスが限界を超え、未来を乗り越えることができない精神状態に追い込まれてしまう。そして、息子の養護学校（現在の特別支援学校）小学部への入学と同時に、離婚という選択肢を選ばざるを得ない状況となった。その日以降、我が家は父子家庭となり、私は父親と母親を兼任することとなる。

身体がどんどん成長してゆく息子。それとは逆に、同居して数年後には祖父母の身体は急激に衰え始める。母は歩行困難となり、父は認知症が進行し始めてゆく。新たな家族のかたちも、アンバランスな方向へ傾いていった。「仕事」「子育て」「親の介護」の狭間で考えれば考えるほど、苦肉の選択が現実としてのしかかってくるのだ。

そこで私は、息子の施設入所という選択をした。そして、小学部4年生から高等部3年生まで、平日は入所施設のお世話になり、週末は父と子の時間を共有するというスタイルを、9年間続けることとなった。

このような道のりを歩んできた我が家であるので、私自身は平均的な父親の姿からは、はみ出しているかもしれない。私の息子への想いは、父親のみならず恐らく母親のものも入っていることであろう。父親として、そして同時に母親としての気持ちで抱く子どもへの想い。そんな、少しだけ違った観点だからこそ見えてくるものも、あるのかもしれない。

心の中のくすぶり、第一歩を踏み出す

さて、一般的に父親は子どもと離れている時間のほとんどが仕事の時間であるが、私自身は隙間時間があれば、心の中でいつも「父親として、私には何ができるのだろう」と、何かがくすぶっていたことを思い出す。

この「くすぶる思い」は、父子の生活になってから、さらに増幅されてゆく。この頃から私の中の根底に確実にあったのは、〝自分の息子だけよければそれでいい〟という気持ちではなく、もう少し広い視野をもつということであった。それがいったい何であるのかは、当時はよくわからなかったが、「私の動きが、巡り巡って息子に戻ってくればよい」と、いうようなものであった。

そのくすぶりに対する行動の序章は、息子が小学部1年だった2001年の夏。このころ日本においては、インターネットも、現在のようにはまだ普及していなかった。逆に、そんな中だからこそ、ホームページ（HP）を立ち上げた。タイトルは「そよ風の手紙」。核となっていたのは、毎

週日曜深夜に1週間の息子との出来事や想いをつづった「りょうまの元気日記」のコーナーである。理由は、息子との歩みを成長記録として残したいというものと、我々親子の姿を通して、今まさに子育てに悩まれているご家族に元気を出していただきたいものであった。当時、自閉症関連のＨＰも少なく、あっても、専門的内容で難しすぎるものや、読んでいて辛くなるものが多かったことを記憶している。そのような中で私が目指したものは、お訪ねいただいた読者の方々が、肩の力を抜いて「これでいいんだ。人生を楽しんでいいんだ」と思えるもの。クスッと笑ってしまうような父と子のエピソードに、心が少しでも楽になるようなもの。心地よい南国のそよ風に、ふと吹かれるような、父親発信の、父親ならではのＨＰであった。なぜならば、息子との時間は、様々な困難があったものの、一方ではとても楽しい日々で、日常生活の慌しさの中、忘れかけていた、かけがえのない大切なことを息子から教えてもらうような時間だったからである。とはいえ、当時はまだ新米の父親で、自分の周りの狭い範囲しか見えない中でのスタート。手探り状態でのくすぶりに対する行動の一つが、このＨＰ「そよ風の手紙」の開始であった。

その後の流れで、２００４年に「そよ風親子のお出かけレポート」というコーナーを立ち上げた。これは、お子さんに自閉症や発達障害があるという理由で、外出をためらわれてしまうご家族に向けたものであった。私と息子が、週末様々な場所に行き、それをＷｅｂ上でレポートすることにより、メンタルな部分も含め、外出できるきっかけづくりをお手伝いできたらと思って始めたものだ。結果として、地元神奈川県を中心に１６６箇所をレポートし、発達障害児者のご家族から大きな反響があった。

多くの人たちとの積極的な出会い

この頃から、自分の中にあったくすぶりに、少しずつ変化が見られるようになってきた。

息子とともに生活していると、まだまだ障害をもつ方が暮らしにくい社会であったり、無理解がたくさんあったりすることが、目につくようになった。行政・社会を動かすためには、一人の力ではどうしようもないことに気づく。そのため、それまでＷｅｂの中で個人的に活動してきたが、地元の自閉症協会に入会することにした。また、サラリーマン生活をしながら、専門学校の通信教育を開始し、社会福祉士資格の取得を目指した。対等な立ち位置で議論するためには、しっかりとした知識も身につけなければならないと思ったからだ。

この頃は、社会に対してアクションを起こすための地固めをしていたと思う。何をするにしても、一人だけの力では限界がある。このため、人脈づくりの必要性を感じた。その頃、地元の父親の会をはじめ、どこにでも顔を出したことを思い出す。そういう場所では、毎回不思議に顔を合わせる私と同じような父親たちがいた。彼らもまた、心の中で何かがくすぶっていたのだと思う。

今では、全国各地のいたるところに発達障害のお子さんをもつ「父親の会」ができていると耳にする。とてもいい方向に流れができつつあることを感じる。私の地元の川崎にも自閉症協会をはじめ地域の特別支援学校等に「父親の会」があるようだ。私自身は地元の自閉症協会の「川崎おやじの会」に所属していたが、この会ができたのは２００７年なので、そんなに歴史の古い会ではない。そこで感じたのは、母親が中心となりがちないわゆる親の会の中で、父親の存在とはどのようなものか、ということであった。私が考える父親の役割は、父親ならではのもので、母親ではなかなかできない活動をするというものだ。たとえば、母親が従来行ってきたものを、ただ一緒に行うのでは、父親の本来のよい部分が消されてしまうと思うのだ。父親は社会において各分野でのスペシャリスト。父親が10人も集まれば、一つの事業を起業できてしまうくらい、それぞれの分野において専門の力がある。それだけに、せっかくのその力を、仕事だけで終わらせてしまうのはもったいないことだ。自分たちの子どものために、その違う分野の力を結集させ、問題解決の足掛かりであったり、必要であれば新たなものをつくり上げたりする、それが「父親の会」の役割だと思うのである。

我々父親は〝発達に遅れのある子どもの父親〟という共通点しかない。でもこの共通点は、何よりも共感できる共通点であるのだ。職場の同僚や上司にも話せない家庭のことを、年齢も社会的立場も違う者同士で腹を割って話せる存在であり、子どもたちがいなかったら、一生出会わなかったかもしれない存在。そういう仲間と出会えるということは、何という幸運を子どもたちは運んできてくれたのであろうと思う。このような出会いの機会をくれた息子に本当に感謝する毎日だ。

通常、親の会は組織の性質上、地域の中で固まりがちだが、父親の会には地域の壁は必要ない。これは私の持論だ。父親同士が地域の壁を越え、繋がりを築き、母親がつくり上げた地域の中での強固なネットワークに、父親の地域を越えたネットワークが加わることによって、クモの巣のようなネットワークをつくり、大きなムーブメントを起こせるのではないかと考える。これは、父親が加わるからこそできることだと思う。そして、この地域を超えた繋がりが実際に広がりつつあることは本当に嬉しいことだ。

と言っても、それぞれの父親は、いわゆる「特別な父親」である必要などないとも思う。基本はやはり家庭。普段は、家族の生活を守るためにしっかりと仕事をし、母親の話に耳を傾け、休みの日には子どもと向き合う、私はこれでよいのではないかと思う。そして、たまに行われる父親同士の会に参加する。父親にも、妻には話せない悩みもあるはずだ。気持ちがわかり合えた父親同士の会話には、職場の仲間には話せないような子どものことなどもあるだろう。そこで、心の中にしまいこんでいることを父親同士で話すことにより、リフレッシュするのも必要なことであると感じるのだ。親自身の心が追い込まれていたり、不安定であっては、子どもによい影響があるとは思えないのである。

そして、父と子での外出やキャンプ等への参加。これは、普段、子どもとのつながりの時間が少ない父と子の時間を共有できると同時に、その外出のわずか数時間で、母親にリフレッシュのための「レスパイトケアの時間」を生みだすこともできる。これは、父親同士でも簡単にできる一番身近な家族支援だと感じる。

人と人をつなぐ、そよ風に

さて、私は父親の会に積極的に参加する傍ら、個人的活動として、2006年にはポッドキャスト配信を始めた。ポッドキャストとはインターネット上のラジオのようなもので、いつでもどこでも聴くことができる番組だ。

「週刊自閉症ニュース」という、10分ほどの音声配信を毎週金曜の深夜に行った。それまで自閉症関連のポッドキャスト配信は存在しなかったため、「誰もしないのであれば、私が始めよう」そう思ったのだ。ポッドキャストでの配信は、それまでどちらかといえば母親の皆さんが多くお訪ねいただいていたHP「そよ風の手紙」のアクセス層を大きく変えた。２００６年から５年間続いたのだが、これをスタートしてから、父親や支援者、一般の方々、そして海外からの反響を多くいただくようになった。一般のリスナーからの反応や、大学の授業でご使用いただいたり、少しずつではあるが、自閉症や発達障害を知らなかった方々にも関心をおもちいただいている手ごたえを感じた。

そのポッドキャストを通して知り合った、当時アメリカ在住の父親（南雲岳彦氏）とともにＲｕｎ４ｕ《ランフォーユー》（ＩＮＣＬＵＳＩＯＮのメッセージ入りの黄色いＴシャツを着てマラソンを走る活動）も創設することができた。また、自閉症や発達障害の啓発など社会に発信している方々の応援、映画『ぼくはうみがみたくなりました』への協力、その他ミュージシャン（うすいまさとさん、堀川ひとみさん、小柳拓人さんなど）のバックアップ等、様々な活動をしてきたと思う。その中から、徐々に自分がやるべき活動の取捨選択を繰り返してきた。いつの間にか、これらの個人活動は、人と人をつなげる「そよ風」の様な存在になっていたことに気づくのだ。

人生を変える転機の訪れ

そんな中、私自身も大きな転機が訪れる。新たなくすぶりが起きてきたのだ。それは、息子を高等部卒業と同時に地域へ戻すことであった。９年間、平日に入所施設で暮らしていた息子を、本来の家族の形に戻したい。地元での生活に再び戻そうと考えたのだ。それは、小学部４年生の息子と家族として本来の生活ができなくなった日から、いつも考えていたことであった。その気持ちは現実の方向へシフトしてゆくこととなる。

もちろん我が家の場合、地域の中で家族で暮らすということが、そんなに簡単ではないことは承知していた。「仕事」「両親の介護」「息子の生活」をどう両立させるのか。その実現のためにはどうすればいいのか、を考えに考えた。

そこで出した結論が、25年間のサラリーマン生活にピリオドを打つことであった。40代後半に、現在の就職難の状況下で仕事を変えること。工場長という要職に就いている社会的立場や、経済的支柱を捨てること。理想はわかるが、現実にはかすみを食べて生きていくことはできない。収入は激減し、生活が不安定になることも考えられる。しかし、息子を本来の家族のかたちに戻すには、この高等部卒業というタイミングしかない、と確信していた。また、新しい生活への変更で、誰かが犠牲を払うのではなく、息子も、父母も、そして私も、ウィンーウィンでなければ意味がないとも思った。

そして、考えに考えを重ね、3年間で経済面のストックもしっかりと準備したのち、会社を退職し、両親が車いす生活ができるように、バリアフリーの家に建て替え、息子を再び我が家に迎え入れることができた。そして２０１３年4月2日、世界自閉症啓発デーの日に、「一般社団法人そよ風の手紙」を立ち上げることに至ったのだ。12年間続けてきたＨＰ「そよ風の手紙」は、惜しまれながらもこのタイミングで終了した。再び、息子の高等部卒業と同時に、家族で暮らす生活が始まった。

現在、社団法人の事業の核となっているのは、児童発達支援と放課後等デイサービスの多機能型事業所「すまいるスペースそよ風の手紙」だ。児童発達支援では、就学前の発達に遅れのある児童の療育や生活支援を行う。また、放課後等デイサービスでは、小学1年生から高校3年生までの発達に遅れのある生徒たちが、放課後に療育的要素も絡めながら、安心して楽しく過ごせる場を提供している。これらは同時にご家族へのレスパイトケアも兼ねている。私自身もこの事業所でエプロンをつけ、子どもたちと一緒に走りまわる毎日だ。子どもたちの笑顔、ご家族の笑顔、職員の笑顔、まさに、私の目指していた事業所ができ上がった。くすぶりの第一歩の行動が始まった2001年のHP「そよ風の手紙」のスタート当初の精神が、ギュッと詰まった事業所を作ることができた。

そこで見えてきたのは、これからは地元に根ざした活動をしていこうということである。私も気がつくと、もうすぐ50歳となる。息子が自閉症と診断を受けてから17年近くの年月が過ぎ、ようやく私の中にあったくすぶりが、落ち着きを取り戻した気がする。息子とともに、地元で多くの皆様にサポートを受け、逆に私どもも地元をサポートして生きてゆく。このような仕事をさせていただく喜びを感じている。もちろん息子との時間は、今では毎日ある。ごくごく当たり前の何気ない時間。今まさに、その当たり前の時間をかみしめているのだ。何気ない時間こそ幸せな時間であることを、息子から教えられた気がする。様々な不安がある中でも、本当に決断してよかった。今は心からそう思っている。

今思う、父親として何をすべきか

様々な道のりを歩んできた今、私なりに父親として何をすべきかという部分で、感じることを最後に記させていただきたい。

　まず、それぞれの父親は特別である必要などないと思う。父親の皆さん一人一人、それぞれできることは違うと感じる。それだけに、これが正解という動きもないと思う。今、目の前にある家族を一番に考え、その中で自分のできる範囲の一歩を踏み出す勇気があれば、それでいいと思うのだ。それは、母親にわずかなレスパイトケアの時間をつくり出してあげることでもよいし、地元の父親の会に参加するのも一つだと思う。皆さんがそれぞれできる、父親としての役割をこなせばよいと思うのだ。金子みすゞさんの言葉ではないが、父親だって、「みんなちがってみんないい」。そのように感じる。

　私が行ってきたことは、我が家が特別な環境だったからこそできたと考えている。大きな決断は、中期・長期的な計画や、相当な覚悟、しっかりとした準備がないと難しいかもしれない。また、文中でも書かせていただいたが、基本は家庭第一。そこを忘れてしまうと、本末転倒にもなりかねないと思う。それらを精査しながら、自ら置かれた環境も考えつつ、行動をしてみてはいかがだろうか。そして、最終的には取捨選択である。身体は一つしかないということを忘れないでほしい。

　現在、私自身は社会福祉士として、知的障害のある青年の成年後見人をしている。この青年とは、私か彼のどちらかが亡くなるまで、一生のお付き合いとなる。この活動自体、直接息子と関係ないかもしれない。逆に、将来息子には成年後見人が必要となる時が来ることであろう。このように、社会の中で支え合うこと、この支え合いが増えればいいと考えている。

　普通に考えれば、親の方が子どもたちより早くいなくなることだろう。我々は子どもといつか別れなければならない日が来るのだ。

息子が20歳を超えた現在、私自身の残された課題は、息子の親亡き後、つまり父親である私がいなくなった後どうするのかを考える番である。私はあと何年生きることができるのかわからないが、最後の力を、親亡き後の息子の生活と社団法人の活動に注いでいきたいと思う。

最後に、一期一会の私の文章との出会いが、皆様のこれからの動きへの何かのヒントになれるなら、望外の幸せである。

我が子のセラピストになった父親

NPO法人つみきの会代表・臨床心理士
藤坂龍司

Profile

1997年に我が子の療育をきっかけに応用行動分析（ABA）に出会い，その普及を図るため，2000年につみきの会を立ち上げ。以後，つみきの会代表として，自閉症児のためのABA早期家庭療育の普及に努めている。

はじめに

私には現在19歳になる自閉症の娘がいる。今から17年前の夏のこと、一冊の本が私の人生を変えた。それはキャサリン・モーリス『わが子よ、声を聞かせて』という本である。そこには「行動療法」（ABA）という方法で我が子を劇的に回復させた自閉症児の母親の姿が描かれていた。私はそれを夢中で読み、読み終える前からもう「自分も娘のセラピストになろう。そしてできることなら娘を治してやろう」と心に決めていた。当時、娘は2歳で言葉がなく、「自閉傾向」と診断されたばかりだった。

診断まで

娘は遅くに授かった子だった。私は大学の法学部から大学院に進み、憲法を専攻したものの一向に芽が出なかった。後輩にどんどん先を越され、大学院に籍を置ける年限ぎりぎりの35歳になってようやく近くの小さな短大に就職が決まったのだった。

家内と結婚したのはまだ大学院にいた28歳の時である。家内は台湾から来た留学生で、最初の頃はたどたどしい中国語交じりの日本語が可愛らしかった。家内は私の将来に期待をかけて結婚したのだが、私はその期待を見事に裏切ってしまった。それでも私を見離さず、よくついて来てくれたと思う。

短大に就職が決まった時、それまでの大学近くの小さなアパートを引き払って、勤め先近くの兵庫県明石市にある、日当たりのよいこぎれいなハイツに引っ越した。それまでは先の不安から妊娠を拒んでいた家内もようやくその気になり、まもなく妊娠・出産した。それが私たちの一人娘、綾である。私たちは我が家にようやくやってきた小さな天使に夢中になった。

しかし、綾は生まれた直後から普通の赤ちゃんとは違っていた。表情が硬くてめったに笑わなかったし、サークルメリーを目で追おうとしなかった。眠りも極端に浅く、やっと寝かしつけても、ものの15分もすると火がついたように泣き出すのだった。家内は娘を抱いたまま仮眠を取るために、大きなソファを買った。

娘が1歳になる頃から、私たちは娘がいつしゃべり出すかと毎日楽しみにしていた。ところが喃語らしいものは出るものの、意味のある言葉はいつまで経っても出てこない。当然1歳半健診でひっかかり、保健センターから親子教室へのお誘いをいただいたが、家内は頑なに拒絶した。

それから2歳までの半年間は、いつか言葉が出てくるのではないか、というはかない希望と落胆の繰り返しだった。そして、とうとう一言も言葉が出ないまま2歳の誕生日を迎えた時、家内がたまりかねたように言った。

「やっぱりこの子は何か遅れがあるんじゃないかしら。本屋さんに行って調べてきて。」私は言われたとおりに近所の本屋に行き、家庭向けの医学書で発達の遅れの項目を探した。そこには1、2歳の早期に遅れが見つかった場合は重度になることが多い、と書かれていた。

私は家に帰って、読んだとおりのことを家内に伝えた。家内は、もう覚悟していたのだろう、私の言葉に一言も抗弁せず、台所の床に座り込み、私の腕の中で声を上げて泣いた。

ABAとの出会い

それから数日後、私たちは気を取り直して保健センターに電話を入れ、面談を申し込んだ。まもなく半年前に拒絶した親子教室に通い始めるとともに、紹介された大きな病院で「自閉傾向」という仮診断を受けた。

親子教室では臨床心理士の先生から、「無理に何かを教えようとしてはダメ」「とにかく1日6回、ほめて、抱きしめてあげて」という指導を受けた。私は「なるほど」と思ったが、娘は積み木を与えても口に入れるばかりで、ちっともいいことをしてくれない。結局「1日6回ほめる」の目標を達成できたことは一度もなかった。

子どもに何の変化もないまま1ヶ月ほど経った時、不安に駆られた家内は再び私を本屋に送り出した。「自閉症のことを知りたいから、何か本を買ってきて」というのである。その時私が本屋の棚から偶然選び出したのが、冒頭に触れたキャサリン・モーリス『わが子よ、声を聞かせて』だった。

そこには米UCLAのロバース博士という人が「行動療法」〈今ではABA〈応用行動分析〉と呼ばれることが多い〉という方法で19人の自閉症幼児を集中治療し、うち9人（47％）を「回復」させることに成功した、という耳寄りな情報が書かれていた。モーリスさんの2人の子どもも、大学院生をセラピストとして行った家庭療育の結果、劇的な回復を遂げたとのことだった。

私はこの本を読んで興奮した。これはやるしかない、と思った。47％という数字は魅力的だった。これならくじ運の悪い私でも、当たりくじを引けるチャンスが十分にありそうに思えたのである。家内も熱心に賛成してくれた。

幸いこの時7月末で、勤め先の短大は夏休みに入ったばかりだった。やろうと思えば私は1ヶ月半、丸々セラピーに専念できる恵まれた環境にあった。

問題はマニュアルである。『わが子よ〜』によれば、ロバース博士が書いた『ミーブック』というマニュアルがあるという。さっそくインターネットのできる後輩に頼んで、全国の大学図書館を検索してもらったが、驚いたことにどの大学にも所蔵されていないとのことだった。仕方なく丸善で注文したが、取り寄せるのに3ヶ月かかると言われた（アマゾン・コムがない時代である）。

3ヶ月も待つことはできない。私は古巣の神戸大学に出かけて、図書館でロバース博士の著作を探した。『ミーブック』はなかったが、幸い同じロバース著の『自閉児の言語』という言語訓練に関する解説書が、梅津耕作先生の翻訳で所蔵されていた。私はさっそくこの本を丸ごとコピーし、帰りの電車の中で読みふけった。そこに書かれている無発語の自閉症児から言語を引き出す方法は、極めて理に適っており、特別な道具や施設は何もいらないものだった。

「できる！　これなら私にもできるぞ」そう思うと、うれしさのあまり思わず目に涙があふれてきた。

ホームセラピーの日々

私は家に帰ると、その日からさっそくＡＢＡセラピーを始めた。ロバース博士は１日６～７時間のセラピーをしたとのことだったが、それは１人では到底無理と思えたので、とりあえず１回45分のセラピーを朝、昼、夜と、１日３回行うことにした。最初は家内もやってみたのだが、娘のかんしゃくに恐れをなし、「私には無理」と早々に撤退。夏休みが終わるまで、セラピーは私の独壇場となった。

後から手に入れた『ミーブック』によると、セラピーは最初、マッチングや動作模倣などの比較的簡単な課題から始めることになっている。しかし、当時私の手元には、言語訓練に特化した『自閉児の言語』しかなかった。この本によれば、言葉を引き出すにはまず音声模倣から始めることになっている。「あ」と言ったら「あ」、「う」と言ったら「う」とおうむ返しすることを教えるのである。そこで私は無謀にも、初日から音声模倣の課題を始めた。

最初は自発的発声を増やすため、子どもが何か言ったら子どもの好きな物を与えて強化する。娘の場合は、好物のこがね揚げのかけらを口にほおりこんだ。そのうち発声が豊富になったら、今度はこちらが「あ」とか「う」とか言って、その後数秒以内に何か発声があった時だけ強化する。この段階では音が似ていなくてもよい。その次の段階で、ようやくこちらの発声と似た発声だけを強化するのである。

それから数日、私は半信半疑のままセラピーを続けた。娘は「何か言えばお菓子がもらえる」ということは理解したようだが、「パパと同じ音を言わなければいけない」ということにはなかなか気づいてくれなかった。そこで途中から思いつきで、逆に娘が発した音にこちらが後追いで模倣して、音のシンクロを楽しませるにようにした。そのうえでこちらが途中から音を先に切り替えて、子どもについて来させよう、という作戦である。

なかなか成果が出ないまま数日が過ぎた。「本当にこのやり方でいいのだろうか」という不安が日に日に大きくなった。しかし、幸運なことに1週間ほどたったある日、娘は突然、「パパの声のまねをすればいいんだ」と気づいたようで、私の発する「い」と「お」の二音を正確にまねし始めた。私にとって初めての大きな勝利だった。この瞬間、ABAに対する私の不安は消えた。「この方法で間違っていない。これだけを信じてやっていこう」私はそう心に決めたのである。

それから9月下旬までは快進撃が続いた。その後模倣できる音は順調に増え、8月の末には意味がわからないながら、「パパ」「ママ」などの単語も言えるようになっていた。物の名前を教える作業は難航したが、それも9月に入って突破口を見つけることができた。夏休みが終わる頃には、娘はジュースを見て「シュシュ、テョーダー」（ジュース、ちょうだい）と、二語文で要求できるまでになっていた。

家内の参戦

しかし、9月の末から短大の後期の授業が始まると、当然のことながら、これまでのようにはセラピーに時間を割けなくなった。それからも夜は必ず1時間、日中も朝早く担当講義がない日は出勤を遅らせてなるべく1時間を確保するよう努めたが、夏休み中のようにはいかなかった。それを見て、最初はセラピーに恐れをなしていた家内が、「私もやるわ」とセラピーに参戦してきた。

ところで家内と私はかなり対照的な性格である。私は温和で理性的だが、家内は感情的で情熱的だ。やさしいときはやさしいが、いったん怒ると火山のごとくになる。しかも意外と自信家で、人の言うことを素直に聞かない。彼女はＡＢＡを一種のスパルタ教育と理解したようだ。ろくにプロンプトも強化もしないまま、とにかくわかるまで延々と指示を出し続け、教え込もうとした。しかもいったんセラピーを始めると疲れ知らずで、1日3、4時間をそれに割くようになった。

娘はもともと目合わせが悪かったが、夏の間に私が訓練したおかげで、この頃には「こっち見て」と言えば、2~3秒は私を見つめるまでになっていた。しかし、家内がセラピーに参加してから、娘の目合わせは再び悪くなった。家内は課題がうまくいかずに頭に血が上ってくると、娘が間違うたびに「ちがう！」と叫び、続いて「見て！」と目合わせを要求してからまた指示を出す。これを苦手な課題で延々とやらされたら、健常児でも目をそらしたくなって当たり前であろう。

私は何度も家内を諌めた。「ＡＢＡとは何か」を諄々と説いて聞かせると、その時は「そうね」とうなずく。しかし、セラピーが始まるとやはり「ちがう！　見て！」とやっている。私は自閉症児を教育するより、健常の大人を教育することの方が難しいことを知った。

それでも私たちはそれから娘が幼稚園に入るまでの3年弱、時には対立し、時には協力しながら、2人で合計週30時間以上のセラピーを続けた。娘はキャサリン・モーリスの子どもたちのように「回復」することはできなかったが、私たちはこの3年間に、いろんなことを娘に教えることができた。

ＡＢＡを始めて1年経った次の夏休みには、『ミーブック』に書かれた方法でトイレトレーニングに挑戦した。これはフルチンでおまるにすわらせて水分をたくさん取らせ、おしっこが出たら解放する、というところから始めるのだが、この方法でわずか1週間でおむつを外すことができた。娘は外出先ですぐに機嫌が悪くなり、しばしば泣いたり、かんしゃくを起こした。これにはなるべく気を紛らわせるものを用意する一方で、いったんかんしゃくを起こしたら決して注目を与えず、無視して消去する、という方法で克服することができた。小学校に入る頃には、ちょっとフォーマルなレストランで食事をしても大丈夫なほどになった。

コミュニケーション能力もずいぶんと伸びた。自然な会話こそ困難だが、自分の要求は単語や2～3語文で伝えることができるし、「これ何?」「誰?」「どこ?」といった質問も聞き分けて、的確に返答することができるようになった。

家内はセラピー中あまり休憩を取らせず、お菓子を使って長時間の訓練を行ったが、私は早い段階からお菓子を使うのをやめ、ほめ言葉と休憩だけを強化子にした。夕食の後、夜8時からの1時間が私の持ち時間だったが、娘を連れて部屋に入ってもすぐにはセラピーを始めず、娘を自由に遊ばせて、私もごろんと床に横になる。仕事の疲れもあってすぐにはエンジンがかからないのだ。15分ぐらい体を休めると、俄然意欲が湧いてくる。そうしたら娘をいすに呼び、セラピーを開始する。4～5分教えては解放して子どもを好きに遊ばせる。しばらくするとまたいすに呼ぶ。これをゆったりしたペースで繰り返した。だから正味の時間数は少なかったが、その代わり一試行ごとに細心の注意を払って教えたので、学習効率はよかった。娘にも「パパの言うとおりにしていれば、うまく教えてくれる」という信頼感があったはずである。そして難しい課題をクリアした時、娘の表情から「わかった」という満足感を感じ取ることができるのが、私にとって無上の喜びだった。

つみきの会の立ち上げ

ＡＢＡセラピーを始めてから3年近く経った２０００年の春に、娘は近所の公立幼稚園に入園した。娘は相変わらず軽度の知的障害と社会性の障害を残していたが、年齢的に次のステージに進まざるを得なかった。それはこれまで家庭で教えてきたことを健常児の集団の中で生かす、という段階である。

ロバース博士は、まず家庭で半年から1年程度集中的に療育した後、ＡＢＡセラピストの付き添い（これを「シャドー」と呼ぶ）つきで少しずつ健常児の集団の中に入れていく、という道筋を示していた。シャドーが有効であるためには、ＡＢＡの基礎知識があり、しかも子どもが家庭で何を学んできたかを熟知している必要がある。我が家の場合それができるのは我々親しかいなかった。

そこで入園を控えた前年の夏休みに、私は近くの公立幼稚園を訪れ、園長先生に面会を申し入れた。そして事情を説明し、母親の付き添いを認めてほしい、と申し入れた。またその足で市の教育委員会にも出向き、同様の説明をした。私のしたことはそれだけだったが、市教委に理解ある人がいたのか、私たちは首尾よく付き添いの許可を得ることができた。

4月を迎え、娘は家内と一緒に毎日登園し始めた。自由保育が市の方針らしく、9時に登園しても11時近くまで延々と外遊びが続くため、退屈し切った子どもたちが家内の周りに集まってくる。家内はさっそく彼らを手なずけ、「綾ちゃんママと遊びたいのなら、綾ちゃんも入れてね」ということで、娘を子どもたちの遊びの輪に入れることができた。

家庭療育では家内の悪い面が出たが、ここでは家内のよい面が存分に発揮された。家内は陽気で人に好かれる性格である。子どもたちはみんな家内を慕ったし、最初警戒していた担任の先生も、じきに家内に気を許してくれるようになった。

私は私で、これを機に新しいことを始めた。ABAセラピーを他の親に広めるべく、親の会を立ち上げたのである。

一念発起したのは入園前年の冬のこと。娘が幼稚園に入り、やがて小学校に進めば、ABAに打ち込んだこの数年間は我が家だけの過去の歴史になってしまう。私はそれが嫌だった。家内はABAが我が子の役に立ちさえすればそれで充分、世間に広めるなんて無用のこと、という考えだったが、私はせっかく自分が得た知識を世間にも広く知ってほしかった。それが男と女の違いかもしれない。

最初は近所の公共施設に架空の団体名で部屋を借り、自分を講師とするセミナーのチラシを作り、かつて自分がお世話になった保健センターの玄関でそれらしき親御さんに手渡して参加者を集めた。幸いにもまだABAが珍しかったせいか、当日、30人ほどの人が集まってくれた。その時集まった人たちに呼びかけて、後日「行動療法を広める親と教師の会」を結成した。これが現在の「つみきの会」の始まりである。

私は当初、地元明石市を中心にローカルな活動を行うつもりでいたが、初期の会員の中にパソコンが得意なお父さんがいて、会のホームページを作ってくださった。するとインターネットの特性で、地域に関係なく全国から入会申し込みが舞い込むようになった。最初は神戸で月に1度定例会を開き、そこで私がセラピーの実演をしたり、ミニ講義をしたりしていたのだが、それでは足りなくなり、名古屋や東京、九州などの遠隔地でも定例会を開くようになった。本来家族サービスをするべき日曜日はすべてそれらに当てられ、家内の機嫌はとみに悪化した。

そして現在

娘は幼稚園を卒園した後、やはり親のシャドーつきで小学校普通学級に入学した。小学校は幼稚園より登校時間が早いので、私もシャドーを分担することになった。朝、私が娘と一緒に登校し、私に早朝の仕事がない時は、そのまま朝の会が終わるまでシャドーを務めるのである。そのあと家事を大急ぎで済ませた家内がやってきて、バトンタッチする。こんな生活が小学校6年間プラス中学校3年間、計9年間も続いた。この「親のシャドーつき普通学級」という選択が娘には合っていたようで、娘は9年間不適応を起こすこともなく、普通学級ならではの多彩な活動から多くのことを学ぶことができた。

高校からは、卒業後の進路も考えて支援学校を選択した。それとともに幼稚園から数えると11年間に及んだ学校への付き添いに終止符を打った。娘にとっては初めて親の援助なしで過ごす学校生活。心細くないかと心配したが、3年間、毎日元気よく通ってくれた。

その支援学校高等部もこの3月に卒業。次の進路として、家内は通常の作業所よりももっと緩やかな生活介護事業所を選んだ。在学中にいろんな作業所を見学したが、施設が暗かったりして、清潔好きの家内のお眼鏡にかなうものがなかったからである。今はそこでやさしい指導員の援助のもと、毎日クッキーを焼いたり袋詰めしたり、コンビニに納品に行ったりして、充実した日々を過ごしている。

我が家の日常は穏やかである。娘は親の指示も指導員の指示も素直に聞くし、パニックを爆発させることもない。家に帰ったら、1日の出来事を詳しく報告してくれる。時折、興奮すると奇声を上げたり、自分の足を叩くことがあるが、問題行動と言えばその程度である。

自閉症児との生活を描く親の体験記には、次々に困った行動を繰り返す子ども相手に奮闘する親の姿を描くドラマチックなものが多い。しかし、私が強調したいのは、「ドラマがないのが一番」ということだ。早期からの接し方次第では、自閉症の人々も穏やかな生活を送ることができるのである。


つみきの会は今年で結成14年を迎えた。当初は短大の仕事の傍ら、夜と週末を使って気楽に運営していたのだが、そのうち短大冬の時代がやってきて、私の所属学科も学生の減少で閉鎖されることになった。もともと専攻の憲法では落ちこぼれ研究者であったたし、この年で今更よその大学に移るのも難しい。それよりは、ということで、思い切って短大を辞め、つみきの会の仕事に専念することにした。それが2005年のことである。それに先立って兵庫教育大学の大学院に社会人入学して、2年間、臨床心理学を学び、卒業後、臨床心理士の資格をとった。

つみきの会の定例会や個別相談会には、かつての私たちのように、真剣に我が子のセラピーに取り組む若い親たちが集まってくる。大多数の家庭では母親がセラピーの中心を担っているが、「週末は主人もセラピーをしてくれます」という家庭も少なくない。中にはかつての私のように、セラピーが苦手なお母さんに代わって、お父さんが仕事の傍ら、メインセラピストになっている、という家庭もある。

私が親御さんにセラピーの指導をする時は、自分がセラピーをする前にまず親御さんにやってもらうのだが、その時にお父さんが率先して子どもに向かい合ってセラピーを始めると、戦友に出会ったような気になってうれしくなり、思わず「おお」と声を上げたくなる。

親が我が子のセラピストになる、ということについて、我が国では否定的、懐疑的な療育関係者が大部分だろう。しかし、親がセラピストになることの有効性は、すでに海外の研究によって確かめられている。

ロバース博士が1973年に発表した古典的論文では、自閉症児を専門家だけが療育し、親には参加させない場合と、逆に親がセラピーの主な担い手となり、専門家はコンサルティングを行うにとどめる場合とを比較した。すると、どちらも子どもは同程度に改善を示した。違いは、専門家だけが治療した場合は、治療終了後に治療効果が持続せず、子どもが退行したのに対して、親がセラピストとなった場合はそのような退行が起こらず、専門家によるコンサルティングが終了した後も改善が続いたことだった。つまり親がセラピストになった方が、専門家だけが治療をするより利点が大きいのである。

専門家の懸念は、親に療育を担わせた場合、親に多大な精神的、肉体的な負担がかかるということであろう。しかし親にとってみれば、たとえば言葉のない子を目の前にしてただ待つだけの日々よりも、自分の手で一歩一歩子どもを前進させることのできる毎日の方が、はるかに喜びが大きいのである。親の負担ばかりを心配して、自ら家庭療育を選択した親に対してまで、それをやめさせようとする療育関係者が多いことを残念に思う。

つみきの会では親の負担を少しでも軽減するため、数年前から独自にABAセラピストを育成し、希望する家庭に週2日程度派遣するサービスを一部地域で実施している。そこで目指しているのは米国で行われているような、セラピストが療育のすべてを担う「セラピスト主導型」のABAではなく、親とセラピストが対等な立場で協力し合う「親・セラピスト協働型」のABAである。ただこの訪問セラピーには今のところ国の財政支援がないので、全額親の自己負担で賄われている。今後一層の普及のために、国・自治体の支援をお願いしたい。

最後に〜幼い自閉症児を抱える親御さん、特にお父さんへ一言〜

今の日本では、障害をもつ子どもをありのままに受け入れる親が「いい親」とされる風潮がある。しかし、本当にそれでいいのだろうか。障害者との共生社会を実現することと、障害の改善を試みることとは決して矛盾しない。我が子をありのままに受け入れる前に、我々にはまだやれることがあるのだ。

自閉症の子どもの可能性を信じきる

シンガーソングライター
うすいまさと

Profile

発達障がい児とともに生きるシンガーソングライター。言葉にならない彼ら（発達障がい児・者）の思いを伝えたいと発達障がい啓発ライブ＆トークを全国各地で行なっている。NHKTV，各種新聞社などメディアにも多数出演。

難しい子育ての始まり

泣いている小さな子を叩きに行ったり、つばを吐いたりする。スーパーに行くと泣いている子がいないかまずチェックする。泣いている子がいたら叩く直前に止める。止められたショックでこの世の終わりのように泣き叫ぶ。どこでパニックという地雷を踏むかわからない。部屋に大便が転がり、その便を手でこね口に入れ、道路に飛び出し、警察のお世話になり、朝まで眠らず、言葉はなく、野獣のような奇声と自傷と偏食とこだわり。こんな緊張の連続の子育てを妻はしてきた。私に妻の苦労がわかるはずがない。自閉症の子を育てる妻の苦労の断片を知ることはあってもその本当の苦しみを私がわかるはずがない。

4歳になっても言葉のなかった長男は、この春、志望校に必要な内申をとり、一般入試で中堅どころの私立高校に合格した。現在大学進学を目指し日々精進している。3歳の時から長男を見てきたドクターは「まさかここまで成長するとは思いもしませんでした」と驚いている。それもそのはずである。長男は就学前IQ40台だったのだから。子どもの可能性は、はかり知れないと思う。子どもの可能性を信じる子育てをしてきた妻は、とても強い信念の持ち主である。妻には最初から答えがあるらしく、何があってもあきらめないひるまない一歩も引かない様子にいつも圧倒されている。長男にとっての幸運は、多分妻が母だったことだと思う。子どもは親を選んで生まれるとよく言うが、長男は妻を選んで生まれてきたにちがいない。

自閉症と物語

言葉のなかった頃、妻はフラッシュがいいらしいということで漢字のフラッシュを長男にしてみた。すると長男は積み木で漢字を表現するようになった。この表現を見つけた瞬間は鳥肌ものであった。言葉はなくても心は必ずある、その心を表現するための手段を何としてもつくってあげたい。妻の強い願いは、さらに強くなった。長男の笑顔だけを頼りに試行錯誤していく。長男は、通信教育のキャラクターには無表情なのに、ジブリの映画やスイミーやまんが日本昔話には瞳を輝かせていた。本当の名作は、自閉症の子の心に届くのではないだろうか。そう確信した妻は名作のビデオと名作の読み聞かせを心がけた。「はらぺこあおむし」はドンピシャだった。はらぺこあおむしのお月様と夜の窓から見えるお月様を見比べて、どちらも同じ月とわかった瞬間の長男の笑顔は何とも言えない喜びに満ちていた。やがてはらぺこあおむしを肌身離さず持ち歩くようになった。こんな風に大切に思える物語とたくさん出会わせてあげたい、妻はそう願いながら読み聞かせをしていった。私もできる時は読み聞かせを心がけた。言葉はなくとも長男の瞳の輝きは、どれほど自閉症の子どもにとって物語が大切かを教えてくれた。やがて長男はスイミーを暗唱しながら、スイミーの絵を描いたり、英字でＳＷＩＭＭＹと書くようになる。となりのトトロのめいちゃんがきゅうりをかじるシーンを観ながら、ひどい偏食だった長男もきゅうりをポリっとかじることができるようになる。星の王子様の音読や書き写しをしていた小３の夏、和歌山から横浜に帰る飛行機の中で、長男はおいおい泣きながら「僕は和歌山になついたの？」と言ったのだ。王子様と別れる時のキツネの涙と和歌山を離れる時の自分の涙が重なった瞬間だった。物語と現実が重なる時、自分の心の中の一つの感情を理解することができる。人の気持ちがわからないと言われる自閉症だが、たくさんの物語に触れることで人の感情を理解するきっかけをつくることができるのではないだろうか。

さよなら冬さんご

オレンジの丸い実の冬さんごは歩いているとどこにでもある。種があると道路わきのわずかな土にすぐ根づく。小１の頃、特に長男は冬さんごこだわりがあって、見つけると立ち止まりそこから一歩も動かなくなった。もし冬さんごの実がつぶれていようものなら「誰がやったんだ！」と泣き叫びパニックになる。泣きながら絵日記に鳥のおばけを描き「眠っているあいだにおばけの鳥が冬さんごをつぶした」と記し、自分なりのストーリーを作って自分を納得させる。ずっと冬さんごこだわりにつきあっていたのだが、小2のある日突然傘で冬さんごの実をつぶす長男の姿があった。妻の解釈によると「今までは冬さんごにこだわることで不安をまぎらわしていたけど、多分もう冬さんごがなくても少し大丈夫になったから自分からさよならしたんじゃないかな。さよなら冬さんご、今までありがとう」なのだそうである。はらぺこあおむしの絵本、パンダのぬいぐるみ、かみかみするお花のタオル……いろんなこだわりがあって、ないとパニックになってこの世の終わりのように泣き叫んでいたけれど、どれもこれもいつか終わりがきた。こだわりはとりあげるものではなく、その時の不安をやわらげてくれるものでいつか終わりがくるものなのではないだろうか。「どっぷりつかった者だけが次の段階にいける。人はそれを成長と呼ぶ」と妻は言う。

ごめんねして!と百人一首

年中と年長は公立の保育園でみんなと共に過ごした。日々の生活も季節の行事もみんなに助けられながら立派にこなし、卒園式でも手話をしながら歌を歌うこともできた。その後、よかれと思って入れた支援級は、長男には全く合わない所だった。交流は朝の会、給食、終わりの会のみで、別室でたった4人の児童に先生2人という世界になってしまった。長男は、登校を激しく嫌がり「学校燃やす、学校辞める」と大絶叫しながら登校した。普通の時間に行けるはずもなく10時半頃にやっと校長室の前にたどり着くが、そこでも大の字になってギャーギャー泣き叫ぶ。先生たちに無理やり引きずって連れて行かれるが、すぐに脱走し学校中の水道の蛇口という蛇口を開けまくって廊下を水浸しにする毎日だった。妻は、まさかこんなに隔離されるとは思っていなかったので、すぐに長男の激しい抵抗の理由が完全隔離にあることは察知したが、一度決まった支援級から簡単に脱出できるはずもなく、妻は長男に力をつけるしかないとこつこつと学びを深めることに全力を注いだ。長男はよく「ごめんねして！」といろんな子を追いかけまわしたり、先生や親にも叫ぶことがあった。妻が考えたのは、「これ読んだら、ごめんねしてあげる」と百人一首を読ませることであった。いつもかばんに公文の百人一首カードを持ち歩き、「ごめんねして！」が始まったらサッとカードを出して、長男が読んだら笑顔で「ごめんね！」と言うのだ。ごめんねの一言でパニックという火事は消える。百人一首を読んだら、ごめんねを言ってもらえるということをセットにしてルーティーンにしてしまうと、それが長男には決まりごとになり、見通しになり、安心になるというわけだ。ごめんねしてこだわりのおかげで百人一首をたくさん覚えることになり、中学での百人一首大会で長男が大活躍したのは言うまでもない。妻は、このようにあとあと必ず役に立つというプランを立てながら、自閉症児の子育てをするようなところがあった。

音楽発表会

小学3年になると区の音楽発表会があり、3ヶ月くらいリコーダーと歌の発表会の練習に明暮れる。長男ももちろん参加するつもりでいたのだが、校長から参加を止められた。「お子さんにはあまりにも負担すぎる」と。驚いたことにその学校では、支援級の子は参加しないのが通例だったたのだ。妻は「絶対に大丈夫です。リコーダーは私が完璧にしておきます」と校長に食い下がって何とか説き伏せた。長男は、リコーダーも歌も完璧に家で予習し、大きな舞台でパニックになることなく立派にみんなと演奏することができた。このように、一般級の子が普通に参加できるものにいちいちストップがかかるという場面に何度も出くわしてきた。小3の理科の課題は家で完璧に学習していたのだが、昆虫探しも、鏡を使った光の学習も、一つも参加させてもらえず、ポップコーンを作ったり、ホットケーキを焼いたりといった生活の単元に時間をとられるばかりだった。

健常児と障害児を分ける教育には、本当にがっかりしてきた。そんなこともあり、長男は小6のタイミングで一般級に転籍し、IQ26の長女は一般級で4年目である。専門知識のある担任、大学生のアシスタントティーチャー、地域ボランティア、母の付き添い、スクールティーチャーなど様々な支援を受けながら、みんなと共に笑顔で過ごしている。授業中は大人しく脱走など一切なく、なぞり学習をし、係り活動や給食当番や掃除当番も周りの子どもたちに引っ張られながらこなしている。公園でお友達を見つけると、ブランコで一緒に遊んだり、アンパンマンの英語のDSで遊んだり、落ちている木の枝でえいえいとチャンバラごっこをすることもある。小学3年の音楽発表会も笑顔でやりきった。運動会も元気のいっぱい演技をし、保育園で担任だった先生を毎年感動させ泣かせている。みんなと共に生きることでしか得られない世界が確かにある。目の前でインクルーシブ教育の醍醐味を見させてもらっている。

父として

私は、シンガーソングライターである。長男が自閉症とわかってからは、発達障がいのことを知ってもらう活動をさせていただいている。ある大学で講義をさせてもらった時、終了後3人の学生がかけよってきてくれた。泣きながら教えてくれた。「実は僕も当事者なんです」と。私は長男の話をさせてもらっているだけなのだが、生き辛さを抱えながらも仮面をかぶり、世の中に合わせながら社会に溶け込もうと一人で戦っている人がここにもいると感じた。そういう人に少しでも「一人じゃないよ、味方が必ずいるよ」と感じてもらえたら私の活動の意味もある。また、ある会場では、「この子は、ずっと引きこもりで一歩も外に出なかったのに、今日行きたいと自分から言ってコンサートに来れたんです」と泣きながら伝えてくださるお母さんの姿もあった。私の歌は、自閉症の子どもとの日々の中から生まれた歌である。その歌によって、誰かの心に少しでも希望の火が灯されることがあるのなら幸いである。いろんな人が力と知恵を持ち寄って、誰も排除されない共生社会が構築されることを心から願っている。

折り合いをつけて、寄り添う

NPO法人アスペ・エルデの会
赤木慎一

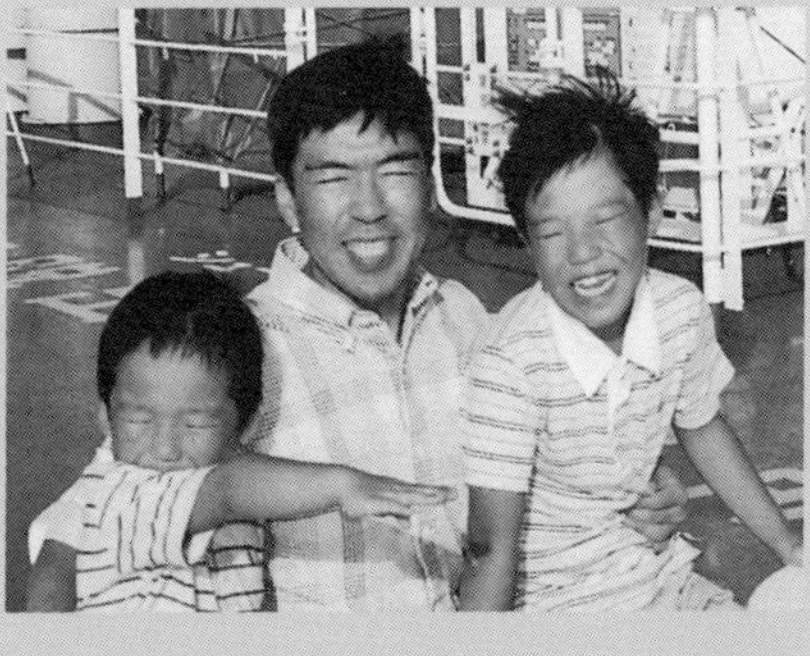

Profile
1968年生まれ。1992年出版社に就職。法律関係の書籍を中心に手掛ける。2006年アスペ・エルデの会に入会。その後10年にわたり『アスペ・ハート』誌を担当。享年47歳。

はじまり

晩秋の温かな陽射しが窓ガラスに差し込む平日の昼下がり。私宛に1本の電話があった。義父からである。

「娘が破水を起こし、病院に担ぎ込まれた。仕事帰りでいいので、立ち寄ってやって欲しい」

2ヶ月後の1月上旬が予定日であった、我が家にとって初の子となる長男の出生が危ぶまれた。夕方、病院に立ち寄ったが、結局その日は対面できず、不安だけを残して家に帰った。

仕事をしながらも落ち着くことができない翌日の午後、また義父から電話。

「お腹の中の子が危険な状態で、帝王切開で出産することとなった。今すぐ、こっちに向かってきて。」

病院に駆けつけ、手術室の脇のベンチで待つこと1時間。扉が開くと、保育器の中で何本ものチューブが通され、静かに眠る長男が現れた。

2ヶ月早い出産であること、1420グラムという極小未熟児であることを聞かされたが、そんなことはどうでもよかった。

ただただ、私の子どもとして、この世に生まれてきてくれたことに感謝するばかりであった。この子にとって、我が家にとって、夢と希望を抱いた瞬間である。

これから待ち受ける、長男が生きるうえで抱えていく困難さがあることを知らずに。

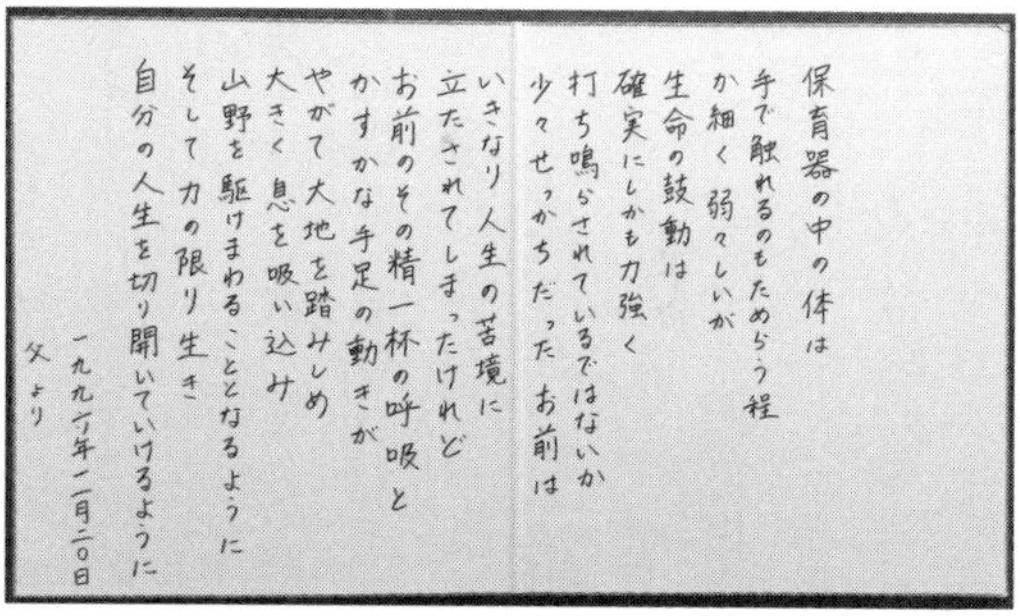
保育器の中の体は
手で触れるのもためらう程
か細く弱々しいが
生命の鼓動は
確実にしかも力強く
打ち鳴らされているではないか
少々せっかちだった お前は
いきなり人生の苦境に
立たされてしまったけれど
お前のその精一杯の呼吸と
かすかな手足の動きが
やがて大地を踏みしめ
大きく息を吸い込み
山野を駆けまわることとなるように
そして 力の限り生き
自分の人生を切り開いていけるように
一九九七年一月二〇日
父より

生まれたばかりの我が子にあてた色紙

困難さを抱えて

周知のとおり、「発達障害」とは、何らかの原因によって生じる先天的な脳機能障害のことであり、早産におけるそのリスクは高いとされている。

その兆候は、1歳半健診にて現れた。言葉が遅い、手先が不器用、視線が定まらず遠くをボーッと見ている、などを指摘され、市内の発達支援センターへの通所を促された。もしかして、何らかの障害をもっているのではないかと危惧していた私と妻は、その提案を迷わず受け入れた。

病院への受診もした。ただ、当時は「児童精神科」とか「こども心療内科」といった診療科をもつ病院は少なく、「小児神経科」にて主に神経・身体機能の面から診てもらうのみであり、「異常ありませんよ」と言われはしたが、精神・心理的側面からの診たてをしてやれなかったことが、今にして思えば悔やまれる。

発達支援センターにしても同様で、おそらく心理職は配置されておらず、ましてやアセスメントなどは実施されず、早期診断、早期支援につなげられる体制は整っていなかった。センターで言語訓練や粗大運動をしてくれたPTの先生からは、「この子は、障害をもつような子ではないよ。ただ、行動に移す自発的な意識が足りないだけだよ」と言われ、この言葉を支えに学童期まで経過を見守った。

学童期に入ると、顕著な発達の遅れがみられ、周囲とのトラブルも起こり始める。学習の遅れ、吃音、書字障害、運動障害が気になった他、コミュニケーションの幼さ・拙さ、場に合わない奇異な行動、先を見通せない学校生活により、周囲から浮き上がり、いじめが心配された。

「この子は障害をもつような子ではない」の言葉を支えに、長男に粘り強く向き合ってきた私と妻であったが、小学5年時に市の教育相談を受けることを勧められ、WISC‐Ⅲをとったところ、凸凹の結果が得られた。長男の障害について、はっきり結論を出そうということで、児童精神科に診てもらい、「広汎性発達障害」の診断となった。

「早期診断」「早期療育」「早期支援」は、発達障害を支えていくうえで、今や常識となりつつある。

親として、もっと真摯に、全国を駆け回ってでも、幼児期の長男の状態像を的確に診断してくれる病院や支援機関を探すべきであったとこれまた後悔が募る。

関わり、寄り添うこと

早産による能力の遅れを少しでも克服してあげたいと、父親として長男とは様々に関わり、寄り添ってきたつもりである。働き盛りの年代でもあり、長男との時間はおのずと平日の夜や土曜・日曜に限られた。また、妻がどのように感じていたかわからないが、長男の子育てに苦悩の多い妻のストレスを少しでも解消できたらとの思いもあった。

幼少期

幼少期の休みの日は、アスレチックや遊具が充実した公園へよく行った。おそらく、発達性強調運動障害も合併していたであろう長男にとって、棒やロープを手でつかむ、足を引っかける、バランスをとって歩く、といった粗大運動がその障害の克服にとても効果があると聞いたからである。怖がって泣いてしまい、座り込んでしまう姿を見ても心を鬼にし、成し遂げた後のご褒美を散らつかせるなどして、粘り強くやらせた。今では可哀そうなことをしたものだと振り返るが、その当時は「今やらせないと追いつけない」との思いで必死であった。

❖学童期・青年期

幼稚園では多少、周りとの発達の遅れや行事・野外活動への支障がみられたが、3年間大きなトラブルや問題行動に発展することなく卒園することができた。そして、地元の小学校の通常の学級へ入学。入学式には私も出席し、全体行動や周りの子どもとふれあう姿を注視したが、全体を乱すことなく、場の空気にも馴染んでおり、「これなら何とかやっていけるのではないか」とこの一日においては安堵したものである。ところが、その後、家庭訪問や折につけかかってくる担任の先生からの電話などで、長男の問題行動が露呈し始めた。詳細は現在青年期にある長男のプライバシーのこともあるので、言及は避けるが、その奇異さは場の空気を寒々とさせたり、乱したりするようなものであった。長男は自らの行動により周りが騒がしくなると、自分に関心がもたれていると大きな勘違いをし、更に問題行動はエスカレートするのであった。親からしてみれば「顔から火が出る」ほどの恥ずかしさであった。

学年が上がるにつれ、周りの子どもたちが成長していく一方で、長男の障害特性は更に浮かび上がって目立ち始め、周囲からも浮いた感じとなり、いじめなども受けながら、小学校生活を送ることとなった。度重なるトラブルの度に、妻はお詫びの電話や訪問を繰り返すこととなり、随分辛い思いをしたと思うのだが、当時仕事で忙しかった私は妻に奏功するような声掛けやフォローを十分にしてやれなかった。今となっては申し訳ないと大いに反省している。発達障害の診断がついた小学5年以降、長男の障害と正面から向き合うとともに、妻を含めた家族の支えとなれるよう、自らの生き方を見つめ直すこととした。

長男の中学進学を考える頃は、丁度特別支援教育がスタートした時期でもあり、特別支援学級の所属や通常の学級での通級による指導など多様な教育方法が整備され始めていた。長男の望ましい進学のあり方について、小学校の校長先生や教頭先生、担任の先生、中学校の特別支援学級を担当する先生などと話し合う機会を何度となく設けてもらった。時間帯は私も仕事を終えて参加することができるよう、わざわざ夕方の6時頃に設定してもらった。長男の現状の姿からみた判断、高校や就職を見越した方向性、中学校の受け入れ体制などをお聞きするとともに、私たち親の想いなどを投げかけ、多くの時間を割いて検討した。そして、長男本人がより自分らしくのびのびと学校生活が送れるのは、特別支援学級であろうとの結論に至った。

ただ、妻共々親としてこだわった点があった。学習時間の確保である。五教科を中心に、周りの生徒と同様の授業を受けさせ、義務教育期間に養うべき学力は身につけさせたかった。ハンディがあっても、将来社会参加していく中で、周囲と交わる際の最低限の知識と教養は必要であろうと思ってのことである。そこで、中学校側にお願いし、特別支援学級に所属しながら、五教科については通常の学級で学ぶことができる体制を整えてもらった。

そして、中学校生活がスタートするのだが、朝の始まりと帰りの時間などは特別支援学級でリラックスして過ごし、五教科の時間になると多少の緊張感をもって授業に臨み、一日の学校生活としてはとてもバランスのとれたものとなり、本人のよりよい成長にもつながっていったと思う。また、特別支援学級所属ということで、周りの生徒たちの長男を見る目も変わり、「変な奴」から「支えてやりたい仲間」として理解・配慮してくれるようになった。2年生以降もこのスタイルで学校生活を送り、給食時間になると通常の学級の生徒が「一緒に食べよう」と声をかけてくれたり、スポーツフェスティバルなどでも自分たちのクラスメートのように長男を受け入れ一緒に団体競技に打ち込んだりした、長男の学校生活はとても充実したものとなり、周囲との関係性やコミュニケーションも高まっていったと思う。

そこで、高校進学は特別支援学校の選択肢もあったが、長男の一層の成長と社会との関わり方を高めようと私立の普通高校に進学することとした。学力的にも精神的にも周囲の生徒は、数段上を行くのはわかりきってはいたが、それでも、これまでの経験の中で本人の自己肯定感が安定してきたことを考えると、さらに一歩前に進める環境を用意・確保したかった。

学力の確保

学童期に入ると、学力の向上と維持を図るために、公文教室に通うことにした。学力の向上といっても、上位の成績を目指すわけではなく、テストで言えばよくて50点、平均して40点程とれる学力はつけさせてあげたいという思いであった。親自身の指導では教え方もそのコツもノウハウをもたない自己流のため、障害のある子どもにも理解のある公文教室があると聞き、小学校入学と同時に通うこととした。週2回の教室通いの後、宿題としてプリントが与えられるので、それを平日の夜や休みの日にこなし、私が丸つけをするといった具合である。公文の学習方法は、一つひとつの学習課題を十分習熟してから次のレベルに進み、その都度習熟度を見極め、必要であれば同じ課題を繰り返し学習する。このスタイルが長男に適していた。

ただ、知的な面でも遅れがあったので、習熟のペースは遅い。同じ間違いを何度も繰り返すし、間違っているのに「合っている！」と怒り出す。字は汚いので読めないし、うっかりミスが多く途中までよくても最後で間違えるなど、これに付き合うのは正直、かなりストレスとなった。休みの日の午前中には終わるものと想定していても、やり直しが多く夕方近くまでかかり、結局公文のプリントで1日が終わってしまったという日も少なくなかった。それでも、しつこいほど（こちらも「勘弁して」と思うほど）同じ課題を繰り返し・繰り返し反復することで、「量」が「質」に転換し、一定の学力は確保され、算数を使う数理的な処理、国語での言葉の特徴やきまり、英語の単語や文法といった基礎的問題にはある程度対応できるだけの実力がついた。

公文教室には、中学卒業まで通うこととなる。私も、平日の仕事帰りに教室に立ち寄っては、先生に課題の到達度や家での学習のコツなどアドバイスをもらうとともに、教室での長男への配慮・フォローをお願いしていた。9年間でこなしたプリントを仮に積み上げたとすると部屋の床から天井を3往復程するのではないかと思う。私立高校への進学が決まった時、先生がこれまでの頑張りをお褒めくださり、とても喜んでくださったのが印象的である。

スポーツ活動

学童期に入って活動をはじめたものの一つとして、空手道場への入門がある。空手を始めさせた理由は、運動神経の鈍さを克服し、少しでも俊敏な動きができるようにならないかと考えてのことである。空手には大きく、基本移動、形、組手がある。基本移動においては拳の握り方から足の運び、突き・蹴りの軌道、体重移動など技術的に奥が深く、形に至っては更に目線、流れ・スピード、バランス、意味を理解した技の演武が求められ、長男にとって、かなりハードルの高い競技かとも思われた。幸い、道場長の先生がこれまでもこうした運動音痴の子どもを受け入れており、「できることからやっていこう」という理解を示す、開放的な方であったため、長男もすんなりと稽古に通い始めることができた。ただやっぱり、目で見た動き・技を脳で理解し、体に指示するということに困難さをもつので、なかなか技量の習得がおぼつかない。また、自発的に覚えよう・上手になろうという気持ちも薄いので、習得の遅れは増し、周りの子どもと比較しても、その差は顕著であった。

そんなある日、いつものように稽古風景を見学していた私に、道場長の先生が「見ているだけではつまらないだろうから、一緒にやったらどうだ」と声を掛けてくれた。初めは躊躇いも感じたが、当時まだ30代であったし、これと言って運動もしていなかったし、それこそ見ているだけでは面白くなかったし、と思って私も入門することにした。入門は長男の方が3ヶ月程先輩になるが、しばらくすると(当然であるが)、私の技量のレベルが長男を上回ることとなり、遅れている長男を私が指導できることも増えていった。空手の世界は、昇級・昇段審査に受かり、白帯から黄帯、黄帯から紫帯などと順に帯の色を変え、初段を取得すると有段者となって黒帯を結ぶ。年に数回、昇級審査が行われるので、審査日が近づくと、それに向けて長男と私との特訓が始まる。学校に行く前の10分、お風呂に入る前の30分などを当て、和室の畳の部屋を稽古場にして稽古に励んだ。長男にはこの機に集中して取り組み、遅れを取り戻して欲しいし、帯の色が変わり、級が上がっていく喜びを感じ取って欲しいので、ついつい指導も厳しくなり、手や足をあげてしまうこともあった。幼少期のアスレチックではないが、ひどいことをしたものだと反省する。

現在、長男は寮生活のため、町道場には通えていないが、空手は高校卒業後も続け、この春には学童期から長く真面目に稽古に励んできたことを道場長の先生が評価してくれ、流派会長の推薦枠というルートで、長男に初段を与えてくれた。帰省中に道場に行く時は黒帯を結んでいる。一つのことをやり通したことは、きっとこの先の長男の自信・支えになっていくであろうし、また、道場に行けば、声を掛けてくれる指導員や仲間、後輩がおり、自身の存在感・所属感をもてる場所があることも大切なことだと思う。

今振り返ると、手荒な関わり方・寄り添い方もあったと反省するが、決して高みを目指したわけではなく、様々な課題や活動を通して社会に溶け込んでいく中で、少しでも障害を克服し、大人に近づく前に本人の「できること」を増やし、生きやすくなって欲しいと願ってのことなのである。

きょうだいのこと

長男には、4つ違いの弟がいる。この二男、幼少期から物覚えがよく、かけっこも速く、手先も器用で、「末はスーパー少年になるのでは？」と期待を膨らましたものであったが、何のことはなく、育ちの遅かった長男をずっと見てきたため目を見張る差を感じただけで、周囲の子どもたちと比べたら、平均か少し上ぐらいであることをその後実感した。二男には障害をもつ長男の弟ということで、兄では成し得なかった親の願望をついつい求めすぎてしまい、無理な圧力をかけてきたのではないかと時折反省することがある。どのような境遇だろうと、二男には二男の夢や生き方があるのだから、彼の意志を尊重し、温かく見守ってやらなければいけないと考える。

障害をもつ兄の存在により、これまで口にこそ出してこなかったが、二男なりに辛い思いをしてきたのだろうと思う。小学校で兄の不思議な振る舞いとそれを周りの子どもたちが嘲笑する様子を見て、戸惑いや恥ずかしさを感じたであろうし、夜の外食や休日に出かける予定をしていても、同級生の親御さんからのお叱りの電話や学校からの注意の電話などがあると、それらの予定が中止になってしまい、怒りや寂しさを感じたであろうし、自らの境遇を誰にも言えない・悩みを打ち明けられない孤独や寂しさを感じたであろう。それでも、そんな長男を決して疎むことなく、よき戯れ仲間として、よき理解者として、そして真の「きょうだい」として、接してきてくれたことには感謝しなければならないと思う。

その一方で、二男は幼少期から障害のある長男と関わり、様々な活動に長男と同行し、そこでの自分の立場を理解し役割を果たしながら、二男なりの障害観を育んできたのではないかと思う。現に学童期においては、アスペ・エルデの会の学習会やクリスマス会などに必ず長男と一緒に参加し、そこではユニークな発達障害の特性をもつ子どもや彼らを支援する大学生のスタッフと一緒にゲームやレクリエーション、パーティーなどを通して触れ合ってきた。小学校ではクラスにいた発達に遅れのある子どものサポートを自ら買って出てその役目についたこともあった。長男とその環境により、二男なりに人に対する思いやりや我慢強さなど精神的な成熟を身につけることもできたのではないかと思う。

最後に、いずれ長男にもその現実がくるであろう「親亡き後」の対応に、二男が過度な負担を背負うことがないよう、長男自身の生活スキルの向上と長男が家族以外の人達と繋がり、福祉制度を活用しながら地域で安心して暮らしていける社会の仕組みを構築していかなければならない。「親亡き後」は家族にとって永遠のテーマである。社会的な仕組みができ、支援が受けられることをただ「待っていたり」「願っていたり」するのでなく、当事者団体に所属する者の一人として、これからの大きな課題として何か行動していかなくてはと最近痛感しているところである。

アスペ・エルデの会のこと

我が家は、ＮＰＯ法人アスペ・エルデの会に入会している。発達障害をもつ子どもたちの支援の場、発達障害についての普及・啓発、専門家の養成、研究機関を統合的に目指していく当事者団体である。長男に発達障害の診断がついた小学5年時の入会であったので、かれこれ8年程の所属になる。

幼少期から学童期初めにかけて、専門的な支援に結びつかなかったことを反省し、少しでもより先進的な「生涯発達援助システム」を築いている団体と繋がることで、長男は適切な治療教育や発達支援を中心とした専門的支援活動に参加できることとなった。

その一方で、親は会の運営を主体的に担っていくことが求められ、自ら子どもたちのために自己責任においてイベントや活動に参加する他、発達障害を含めた社会全体の利益の増進に寄与していくことが会の基本方針である。そして、どの親も、会を運営していくために必要な渉外活動、出版活動、経理・庶務事務などを行う各種委員会に配属される。

入会して1年後、会の先輩お父さんから「会が発行する雑誌の編集作業を手伝って欲しい」と打診された。私の職業が出版社の編集者であることを見込んでのことであった。私は元々、入会にあたって、発達障害について世の中に向けての理解・啓発活動をしていくことに強い興味があったので、迷わずこの話を受け入れた。会が発行する雑誌というのが『アスペハート』であり、発達障害のセオリーからプラクティス、トレンドを探求し、当事者とその親、支援者・専門家に向けて有益な情報を発信していく専門情報誌である。長年職場で培った編集スキルをこの情報誌の編集業務において発揮し広報活動に勤しむことで、私は会への貢献と世の中への発達障害の理解・啓発に寄与していることを強く実感するようになった。間もなくして、私はこの情報誌の全体を統括する編集長職を仰せつかることになり、かれこれ6年程になる。執筆者は、発達障害の世界において先進的な研究・実践をされておられる高名な先生から、これからの活躍が期待される若手の研究者・支援者、そして発達障害の特性とそれにまつわる想いをリアルに語る当事者などそのラインナップは毎号充実したものとなっている。

＊赤木慎一さんは、本稿をここまで書かれたところで、急逝されたため、ご家族の方に協力いただきながら、本書はここまでの掲載となりました。この後には「折り合いをつけて」という項目がありました。どんなことに折り合いをつけてこられたのか、本当のところはわかりませんが、次頁でご家族の方にお話を伺いました。

わたしに残された宿題

２０１５年秋、本書原稿を途中のまま、夫・赤木慎一が急逝しました。「折り合いをつけて」とタイトルがつけられていましたが、肝心の「折り合いをつけて」の章は手つかずのままでした。夫が何を考え、どんなふうに折り合いをつけようと考えていたのか今となってははっきりとわかりませんが、折しも、息子が就職活動中で、そのことで悩んでいた頃だったかもしれません。

学校と社会参加の一番の違いは、頑張ってできることではなく、毎日淡々とできることを評価されることだと思います。社会の中で働くにあたり、頑張らないとできないようなことを続けるのは無理なことです。けれど、夫はとにかく子どものことに一生懸命で、息子の可能性を信じていました。子どもが小さな頃から、ボーイスカウトや空手などの習い事に付き添い、自分も一緒になって練習してきました。だから、自立に向けても、息子には力があると信じ、実習を何度も行ってきました。けれど、タイミングなどもあるのか、悩むことが多かったのです。うまくいかなくて悩み、「折り合いをつける」ために、夫もちょっと折れる、息子もちょっと折れる、そして、雇用側もちょっと折れる、という形で無理なく雇用が進むことを望んでいたのかもしれません。今となっては夫から「ここからは自分の思いを突っ走るのではなく、いろいろな人に相談し、折り合いをつけて、息子を自立させてほしい」という宿題を残されたようにも感じられます。

私が家庭で子育てを担う一方、夫はアスペ・エルデの会ほか外の社会での活動を通し、息子が生きやすい環境や社会になるよう走りまわってくれていました。夫が亡くなった今、その方々が相談にのり、力を貸してくださいます。私が宿題をできるよう夫が整えてくれたようで、天国から見ている夫にほめられるよう、子どもが笑顔で自立して過ごせるよう努めていきたいと思っています。

（赤木慎一・妻）

がんばれお父さん！

父親応援メッセージ

「父親支援」の必要性と環境整備

井上　雅彦

■はじめに

「家族支援」というと、そのほとんどが母親へ向けての支援を連想しがちである。しかしながら、父親も、きょうだいも、祖父母も、場合によっては叔父叔母も支援ニーズをもつ「家族」である。本稿では、支援者・専門家という立場から、父親支援の必要性と環境整備について述べる。

■父親の「障害」に対する理解と心理

発達障害児をもつ父親の「障害」に対する理解や受容のプロセスは、母親のそれとどのような違いがあるのだろうか。例えば、いくつかの研究からは、母親と比較して診断を否定的にとらえやすいことや、社会的孤立を感じやすいことなどが指摘されている。

このことを「単に性差の違い」と考えてしまうのは早計である。多くの父親は母親と比較して、同じ年齢の子どもや保護者と出会う機会や話をする機会も少ないと考えられる。このことは父親に、「障害があるのではないか」という気づきの遅れをもたらし、心の準備ができていない中で告知を受ける場合もあるだろう。さらには、同じ境遇にある保護者や支援者と出会う機会や、他の人に子どもの障害について話す機会も少ないかもしれない。

このような要因は、父親に限らず母親の場合でも障害の理解や受容に対して、マイナスの影響を与えてしまう。「障害」に対する理解や受容の違いについては、単に性差やその人の特性という個人的要因に帰結させてしまいがちだが、その人が置かれている環境要因との関係の中でとらえていく必要があるだろう。

■なぜ父親は支援プログラムに参加しないのか

ペアレント・トレーニングは、厚生労働省の発達障害者支援体制整備において、家族支援のための重要な施策として推奨されている。しかし、私の知る限り、ペアレント・トレーニングに対する父親の参加は母親よりも少なく、海外のペアレント・トレーニングに関するレビュー研究においても、父親が対象に含まれているのは20%というデータもある。このことからも、父親が支援プログラムに参加しづらいのは、我が国特有の子育て文化という要因だけではないことが推察される。「時間がとれない」という物理的な要因の他に、「母親と比べて発達障害に関する知識がない」「発達障害のある子どもに関わったり、向き合ったりすることに対する苦手さ」などの『自信のなさ』、「子育てに協力できていない」といった子育てに対する『後ろめたさ』、などの心理的な要因が影響しているのではないかと考えられる。

■父親が自信を持ち楽しく参加できる環境とは

私はペアレント・トレーニングの中に以下のような工夫のもと、「父親セッション」を設けている。

①環境づくり

会社の会議に慣れていても支援グループへの参加には慣れていない父親のために、最初は机の並びをスクール形式にしたり、わざと机にたくさんの参考書類を置いたりすることで、視線のやり場に困らないように配慮し、不安を減らせるようにしている。座ってもらう位置は徐々に対面式にしていく。

②スモールステップ

上手に家事をこなせ、子どもの面倒見がよく、母親の話をいつもじっくり聞けて、やってほしいことを察することができ、まめに気配りもできる、そんな「スーパーイクメン」は何人いるだろう。父親支援は子育てに関する自信のなさや苦手さに配慮し、個々のペースかつスモールステップで始めることが大切である。

それぞれの父親が子育てを楽しいと思えること、その父子ならではの子育ての楽しみ方を発見するお手伝いをさせていただくことが専門家の父親支援の役割ではないかと思う。

(鳥取大学医学系研究科臨床心理学講座)

がんばれお父さん！

父親応援メッセージ

運動スキル・運動を楽しめる気持ちを育むための父親の関わり方

岩永 竜一郎

お父さんの中には子育てに参加したくても難しさを感じたり、あまり出番がないように感じたりしている方がいるかもしれない。でも、運動を教えたり体を使った遊びを一緒にしたりすることに関してはお父さんの出番がたくさんあると思う。私も自閉スペクトラム症（ASD）の息子をもつ父親だが、運動を教えたり体を使った遊びを一緒にやったりすることは私の役割だった。私は作業療法士でもあるため仕事上でもお父さん方に子どもの運動面への関わりをお願いすることがある。ここでは私の経験からお父さんたちに運動スキルや運動を楽しめる気持ちを身につけるための関わりに関して提案させていただく。

ASD児の多くは体育が嫌いだ。不器用さのため球技や器械体操、ダンスなどをしても、他の子どもよりもうまくできず失敗体験を多くしていることがその理由となっているだろう。そのような失敗体験の積み重ねによって小学校高学年になると劣等感が強くなったり、運動を最初から避けるようになったりしていることがある。また、友達との休み時間のダイナミックな遊びを避けるようになっている子どももいる。

でも、このような体育嫌い・運動嫌いはお父さんの関わりで防げることがある。お父さんがASD児の不器用の特性を理解し、運動を楽しめる心を育むお手伝いをしてくださるとよいと思う。そのための工夫をここで紹介する。まず、ASD児の不器用の特徴を思い出す必要がある。多くのASD児は初めての運動が苦手だ。そのため、体育の時間に初めて体験する運動があると非常に不器用さが目立ってしまう。そこで体育で行う内容を予習しておくのだ。多くのASD児は繰り返し運動を教えることで上達する。運動課題を体育の時間に初めて体験するのではなく、練習してからのぞむようにさせるのだ。すると体育の時間にあまり不器用さが目立たなくなることがある。縄跳びや跳び箱、ドッジボールなど体育でどのような運動課題があるのかをあらかじめ把握しておき、1～2ヶ月前からその練習をしておくとよいだろう。

運動を教える際に、できるだけ失敗させずに誉めて伸ばすことも大切だ。不器用があるASD児は運動に対する自信を失っているため、ちょっとでも失敗するとやる気を失うことがある。また、他の子どもと一緒にやったり競争したりする場面も嫌がる。そのため、お父さんが子どものペースに合わせマンツーマンで運動を教え、成功体験を増やすことが必要だろう。言葉掛けにも配慮が必要だ。他の子どもとの比較は子どもを傷つけるばかりでよいことはない。同年齢の子どもと同レベルまで運動ができなくても非難せずにその子なりにできたことを誉めることが大切だ。例えば、野球のスキルを身につけるためにまずは大きなボールを使ってバッティングをさせて、打てたら誉めるなどの対応ができるとよいだろう。

なお、将来に向けてマイペースでできる運動を経験しておくことも必要だと思う。ASDの人の中に乗馬、スキー、バレエ、スイミング、ウェイトトレーニング、サイクリングなどを行っている人がいる。30分ほどの有酸素運動で不安や抑うつの予防になることがわかっているので、そのような運動を習慣化して行えるように教えたり、促したりするとよいだろう。

最後に子どもと一緒に運動する際に注意していただきたい点を述べる。他の子どもよりも上手にできるようなることを目指して鍛えるような関わりになると子どもの運動嫌いが増すばかりではなく、お父さんとの関わりが楽しくなくなるだろう。やはり、楽しさや達成感を重視して一緒に運動することが大切だと思う。お父さんが子どもと一緒に運動をするとやりとりや会話が増えたり、一緒に出かける機会が増えたりすることもある。きっと運動以外の面にもよい効果があるので、子どもと一緒に運動することにぜひ取り組んでいただきたい。

（長崎大学大学院医歯薬学総合研究科）

父親応援メッセージ

がんばれお父さん！

ＡＳＤの子と父親の関係を育みながら発達を促す方法

白石　雅一

■楽しく興奮させ、納得させて抑える、父親育児

ＡＳＤの子どもは、身体接触や要求表現を苦手としていても、身体を使ったアクティブな遊びを経験すると、そのとりこになって「もっと！　もっと！」と求めてくるようになる。肩車、高い高い、飛行機ブンブン、グルグル回し、おんぶでの駆けっこ、抱っこでのトランポリン、布ブランコ等々。いわゆる「じゃれつき遊び」が大好きだ。これらの遊びの最中に見せる彼らの喜びや笑顔は、定形発達の子どもと変わりない。

ただ、ＡＳＤの子どもたちは、楽しい遊びをやめられない、区切りをつけられない、気持ちを切り替えられない、というこだわりを有している。だから、それらの遊びに付き合うには、体力とともに「もう充分に遊んだから、あと○○回（分）で終わりにしよう」と提案して、子どもを納得させられる「交渉力《やりとり》」が必要となる。

身体を使った楽しい遊びは、子どもの扁桃体を刺激して豊かな感情を育てる。また、人との交渉過程で前頭前野は鍛えられ、扁桃体の興奮に対するブレーキ役として機能し、子どもの感情爆発が抑えられる。脳科学も「じゃれつき遊び」を推奨している。

体力、それは父親の強みだろう。交渉力、これもスポーツ競技や仕事上の取り引き等で、それを磨いてきた父親の出番だろう。つまり、父親は、子どもの感情と、それを抑える力とを育めるだけの素養をもっている、というわけだ。当然これは、ＡＳＤの子どもの育児にも共通することである。

■父親参加の子どもの療育相談室

私は、『子どもの療育相談室』を立ち上げて、ＡＳＤの子どもに対する個別療育と親子関係改善のための

取り組みを続けている。ここでは、父親参加を強く求めている。そして、手始めに、両親による布ブランコでの「カッチンコ遊び」を実践してもらっている。

　父親は子どもの体重を引き受けて、母親が子どもと向き合えるようにサポートする。子どもは「♪この子はどこの子カッチンコ～」というわらべ歌のリズムで揺られて、キャッキャッと声をあげて喜び笑う。一緒に母親も「楽しいね！　嬉しいね！」と歓声をあげる。父親はこの感激のシーンを維持しようと踏ん張り、頑張る。私も父親を励ますためにわらべ歌を歌い続ける（下図参照）。

　この遊びは、子どもが興奮し過ぎないうちに「ドッシーン」と言って、一旦床に降ろしての休憩を挟み、子どもの様子を伺う。ASDの子どもに適度な興奮と抑制の機会を与えているのである。そして、子どもからの「もっとやって！」という要求表現を待つ。

　すると、必ず、子どもはそう求めてくる。その際、父親に「うん、わかった。じゃあ、あと○○回な」と交渉にあたってもらう。最初、「子どもにどう接していいかわからない」と嘆いていた父親でも、こうした遊びと交渉の場を経て、「我が子をすっごく可愛いと思いました」と感想を述べるように変わっていく。

■「変わる自分」を楽しめる父親に

　子育てを「子どもを変化・成長させること」と〝上から目線〟でとらえる趣は強い。しかし、我々大人が子どもに合わせていく、または順応させられていくことで〝変えられて〟その結果、驚きや喜びを感じることも多い。父親が育児で「変わっていく自分」を楽しむことができるように、これからも応援を続けたい。

（宮城学院女子大学教育学部教育学科教授・臨床心理士）

＼がんばれお父さん！／

父親応援メッセージ

白だ黒だとけんかはおよし 白という字も墨で書く

自己理解を育てるために父親が支えるべきこと

木谷　秀勝

「お疲れ様です。」と多くのお父様方に伝えることから始める。本書で執筆された父親を含めて、発達障害児をもつ多くの父親たちは本当に日々頑張っている。確かに、「子どもたちを見ていて一番大変で忙しい時間帯（夕方から寝るまで）にいないで、なんで大変だと言えるんですか」と多くの母親からの意見を聞くことはある。しかし、視点を変えると、その時間帯に父親がいないから、母親も子どもたちに専念できるとも言える。

それだったら、本当に必要な父親の役割とは何か、どの時間帯に家にいれば、「お父さんはすごいよね」と言われるのだろうか。ここでは、2つの視点から考えてみたい。ただし、その前提として、今回執筆する多くのサポーターの先生方も同じだが、筆者も多忙でいつも週末を含めて自宅にいることが少なく、「自分でもそうやっているから」と言えるような父親ではないので、あくまでも事例を通しての助言だと受け取ってもらいたい。

では、最初の視点から考えてみる。それは「自己理解」という副題からわかるように、発達障害児が自分自身の特性（特に「得意なこと」と「苦手なこと」）を受け入れ、「僕はここまでは一人でできるけど、お父さん、ここからは難しいので、手伝って」と困った時にきちんと表現できる能力が自立のために必要だと考えている。この表現力は思春期以降から重要になるが、その基本は児童期からと考えてほしい。

簡単に言えば、小学校6年間、また中学校3年間も含めて、「自分の得意なこと」を一緒に見つける視点がお父さんの役割の1つである。多くの事例を見ていてわかることは、小さい時に親の言うことに従順なタイプ（受身型）ほど、青年期以降になると自発的に行動選択をすることができずに、「自分が得意なことは何?」と悩む青年を多く見ている。それだけに、「得意なこと」を一緒に見つけてあげることは大切である。しかし、ここで気をつけることがある。それは「得意なこと」は周囲が驚くような特殊な能力や運動技能でなくても大丈夫なことだ。それよりも、日々コツコツと自分から続けている日常生活や学校生活での行動だと考えてほしい。「これができることは当然」と一見思える行動でも、ある行動を毎日続けられる理由として、実は発達障害児にとってはとても快適な行動だからと考えられる。また、その行動を丁寧に観察していくと、逆に嫌いな行動の意味も見えてくる。

もう1つの視点は、「苦手なこと」や「できなかったこと」へのほめ方だ。「えっ、ほめかた?」と思うかもしれないが、発達障害児の成長を長期的に見ていると、できるかできないかではなく、自分からやろうとしたのか、他者から言われてやっているだけなのかの差異は実に大きい。それだけに、自分からやろうとして上手くいかなくても、「ここまでは一人でよくやろうとしたね」と自発的な行動を丁寧にほめることが、その後の行動の広がりへとつながっていく。しかも、このほめ方は、いつも側で見ているとどうしてもイライラしたり、できないことばかりが目についてしまうお母さんには難しいこともあるので、お母さんから今日の様子を聞いた後に子どもが寝る前や次の朝にでも言ってあげると子どもたちがホッとする一言になる。

本書を通してわかることは、お父さんもお母さんもきょうだい児も、みんな「本当に自分で考えながら、誰からも教えてもらうことなく、ここまでやってこれたね」と、それぞれの「家族らしさ」を大切にしていることだ。この姿勢が大切であり、お父さんはその中心にいつもいて、「一人でできなかったこと」より、「家族だからできたこと」という家族の強みをコツコツと支えてもらいたい。お父さんたち、もう一度家族みんなに「ここまで一人でよくやってきたね」とほめてあげてほしい。それだったら、不在がちな筆者にもできそうである。

（山口大学教育学部教授）

＼がんばれお父さん！／

父親応援メッセージ

頑張らないで頑張れ！お父さん

辻井　正次

この本には、様々な父親たちが登場する。どの父親たちも、仕事と家庭と子どもの障害との狭間で、揺れ動きつつ、でも、各々がカッコよく生きている。カッコよくしようとしているからカッコいいわけではなく、戸惑ったり、揺れ動いたり、父親よりもさらに身近に懸命に子どもを育てている母親に申し訳ない気持ちなんかももちながら、歩いているところをカッコいいと思う。

ライフステージに応じた父親の役割を書くように依頼されたのだが、それは子どものライフステージに応じてなのか、父親のライフステージに応じてなのか、とふと考えた。というのも、年に何回か、NPO法人アスペ・エルデの会の社会人グループの活動で、お父さんたちと一緒に飲む機会があるが、そこでお子さんのことを含めつつ、いろいろなお父さんたちの気持ちの断片を垣間見ることがある。アスペ・エルデの会はもう20年以上にもなるので、お子さんに小さい時からお付き合いしているご家族である。子どもたちなりに、山あり谷ありではあるものの、成長し、就労し、成人になるまでのお付き合いをしてきている。

お子さんが小学生くらいの時には、子どもたちのいろいろな問題をどうしていけばいいのか、子どもにつられて揺れるお母さんたちを夫としてどう支えればいいのか、そんな話をお聴きすることが多い。社会人のしっかり就労し、でも、各々がとてもユニークの発達障害のある若者たちに、どうすれば結婚できるのか、あるいは職場の人間関係など、ストレートな質問を受けながら、それでも誤魔化したりせずに真摯に答えていただいている。

子どもが成人になった父親たちとは、年に何度かお会いしたりしながらお話をするが、「親亡き後」、子どもたちがどうなっていくのかという話題が多くなる。ちょうどアスペ・エルデの会の中で、成人期以降の独り暮らしや共同生活など、生活をどう組み立てていくのかを考える取り組みを重ねていることにもよるのだが、立派に成長し、就労し、余暇も会の活動で仲間たちと過ごしている一方で、結婚して家庭をもつということではない生活の中の子どもの姿は心配な様子である。「できるだけ元気に働いて、元気に長生きしてと思っています」というようなセリフをしばしば耳にする。父親自身の退職のスケジュールや年齢など、父親自身のライフステージの中で、子どもたちの姿を考えている。

一方、会の活動の中で、シングルマザーのお母さんたちから垣間見る、離婚した父親たちの姿をお聴きしながら、障害ある子どもをもつことは、「世話してほしい」男性たちにとって、いささか大変なことなのであろうかと感じている。もちろん、母親の期待とは異なる動きの父親、中には父親自身がかなり発達障害の傾向のある（実際に、診断を受ける父親もあるが）こともあり、父親が社会的にうまくいかないこと、あるいは父親が精神疾患を罹患すること稀ではない。ただでさえ大変な中年期に、子どもに発達障害があることはプラスαの大変さをもたらす側面もあり、その中で成長していく子どもの姿からエネルギーをもらえる側面ばかりではないであろう。

子どものライフステージの中で、子どもとの付き合い方を子ども時代にコツをつかんでいただくことは、母親だけでなく大事なことのようで、叱るばかりの父親像だと思春期でこじれてしまうことが多いようである。父親のライフステージの中で、頑張りすぎないで子どもと関わり続けることが大事である。

（中京大学現代社会学部教授）

おわりに

発達障害のある子どもを持つ父親の14のストーリーから何を感じていただけたであろうか。発達障害があろうがなかろうが、父親が子どものために何ができるのか、14人の父親たちは懸命に考え続けている。専門家は専門家だからこその戸惑いや悩みもあるし、社会のなかで仕事をしているなか、奥さん（母親）への負い目や、思うように時間のつくれないまどろっこしさ、そうした「ありのまま」の姿は、支援をしている立場には胸を打つものでもある。本書の、市川氏、福島氏、大塚氏、山岡氏などは、発達障害者支援法を生み出した立役者でもある。こうした父親の子どもへの想いが、社会を変革しているのもまた事実である。家族の姿は、時代の中で変わり続けていく。社会の中で、発達障害のある人たちがより生きやすくなるよう、次の世代の父親たちが未来の社会を創っていくのであろう。

今、愛知県の日間賀島という島の民宿で、このあとがきを書いている。毎年、4泊5日を2クールなので、9泊10日、自閉症の子どもたちと一緒に過ごしている。自閉症の子どもたちが80人ほど、１００人以上のボランティア・スタッフや専門家たちが集い、いろいろなスキル・トレーニングを通して、子どもたちの苦手なことに対応するコツを覚えてもらえるように、取り組みが進められている。発達障害を持ちながら生きていくことは、大変なことである。本書にあるような父親の想いが若い世代に伝わり、より暮らしやすい社会になることを願う。最後に、本書の刊行を待つことなく急逝した、本書の生みの親、赤木慎一氏の冥福を心より祈る。

平成二十八年八月二十日

ＮＰＯ法人アスペ・エルデの会ＣＥＯ　辻井正次

【執筆者紹介】（執筆順）

福島　　豊　（元衆議院議員）
野沢　和弘　（毎日新聞論説委員）
山岡　　修　（一般社団法人日本発達障害ネットワーク元代表）
大屋　　滋　（旭中央病院脳神経外科部長）
市川　宏伸　（児童精神科医）
大塚　　晃　（上智大学教授）
南雲　岳彦　（Ｒｕｎ４ｕ代表）
小原　　玲　（動物写真家）
笹森　史朗　（会社員）
岡田　稔久　（くまもと発育クリニック）
新保　　浩　（一般社団法人そよ風の手紙代表理事）
藤坂　龍司　（ＮＰＯ法人つみきの会代表・臨床心理士）
うすいまさと　（シンガーソングライター）
赤木　慎一　（ＮＰＯ法人アスペ・エルデの会）

井上　雅彦　（鳥取大学医学系研究科臨床心理学講座教授）
岩永竜一郎　（長崎大学大学院医歯薬学総合研究科准教授）
白石　雅一　（宮城学院女子大学教育学部教育学科教授・臨床心理士）
木谷　秀勝　（山口大学教育学部教授）
辻井　正次　（中京大学現代社会学部教授）

【編者紹介】

アスペ・エルデの会

〈http://www.as-japan.jp/j/index.html〉

発達障害のある子の父親ストーリー
立場やキャリア，生き方の異なる14人の男性が担った
父親の役割・かかわり

2016年10月初版第1刷刊 ©編　者 アスペ・エルデの会
発行者 藤　原　光　政
発行所 明治図書出版株式会社
http://www.meijitosho.co.jp
(企画)佐藤智恵 (校正)川村千晶
〒114-0023　東京都北区滝野川7-46-1
振替00160-5-151318　電話03(5907)6703
ご注文窓口　電話03(5907)6668

＊検印省略　組版所 藤原印刷株式会社

Printed in Japan　ISBN978-4-18-269927-6